__________________ 님께

이 책 한 권이
당신의 운명에 등불이
되길 기원합니다.
주 저환

장사 교과서

- ① 사장편 -

장사를 하려면, 경영학 책은 버려라

장사 교과서 ① 사장편

초판 1쇄 인쇄 2023년 10월 11일
초판 2쇄 발행 2024년 3월 24일

지은이 손재환

발행인 백유미 조영석

발행처 (주)라온아시아
주소 서울특별시 서초구 방배로 180 스파크플러스 3F

등록 2016년 7월 5일 제 2016-000141호
전화 070-7600-8230 **팩스** 070-4754-2473

값 18,000원
ISBN 979-11-6958-079-3 (14320)
세트 ISBN 979-11-6958-080-9 (14320)

장사를 하려면, 경영학 책은 버려라
손재환 지음
장사 교과서
장사 교과서 시리즈 ①
사장편
사장이라면 반드시 알아야 할
6가지 장사의 법칙!
600만 자영업자가 읽어야 할 필독서
30년 장사 경력의 베테랑 경영 지침서
100,000명 이상 고객경험의 실무 경영서!
한국능률협회 컨설팅디렉터 황창환 박사 강력 추천
RAON BOOK

추천의 글

한국능률협회 컨설팅디렉터

황창환

우리나라에는 수많은 사장님이 소신껏 현장에서 열성적으로 사업을 하고 있습니다. 이른 아침부터 늦은 시간까지 직원들과 함께 최선을 다해 일하지만, 대부분은 고전을 면치 못 합니다. 성공과 정착은 어렵고, 어렵사리 시장에 정착한 사업도 얼마 안 돼 주저앉기 일쑤이고, 지속적인 성장은 더더욱 힘든 것이 현실입니다. 저자는 이를 너무나 안타깝게 생각했고 거기에 어떤 구조적 문제가 있는지를 고민해 왔습니다. 중소기업의 대표로서 자기 일도 버거웠을 텐데, 저자는 아무도 시키지 않았지만 현장에서 사업을 지속적으로 성장시키는 경영의 해법을 찾는 데 몰두했습니다. 참 특이한 사람입니다. 저는 저자와 그런 부분에 뜻이 통해 정기적으로 많은 이야기를 나눴었고, 해법에 대해 진지하게 논의하였었기에 그 생각을 잘 알 수 있었습니다.

그런 저자가 오랜 고민과 노력의 결과라며 원고를 보여주었습니다. 얼른 읽어보니 저자를 닮은 책입니다. 사업의 근본에 집중했고, 거기에 현실 경영과 유연성을 더하였습니다. 중소, 중견기업이 갖추어야 할 경영 원칙과 현장의 원칙, 그리고 시장에서 무서운 경쟁력을 가지기 위한 세부적인 내용까지 담았습니다. 성장과 안정을 절묘하게 균형을 찾아 4권의 책에 배치해 놓았습니다. 평소 날카로움과 부드러움, 큰 비전과 정확한 일 처리, 논리적이면서 열정적인 저자와 꼭 닮은 책이라는 생각입니다.

장사를 하시는 많은 분이 내부에서만 사업의 답을 찾으려고 합니다. 참 안타까운 일입니다. 세상에는 '정해진 미래'라는 게 있습니다. 콩 심은 데 콩 나는 것, 강철 체력 어른이라도 100m만 전속력으로 뛰면 그 다음에는 어린아이에게도 뒤처진다는 것, 철근을 적게 쓴 건물은 균열이 생긴다는 것, 이런 것이 정해진 미래입니다. 제대로 된 사업방식은 정해진 미래로 안내해주는 지침이 됩니다. 저자는 자신의 풍부한 실전 경험과 치열한 연구로 그것을 알려주면서 사장, 고객, 직원, 매장의 핵심 주제를 다룹니다.

이 책은 지식을 넘어서 사업가의 생각과 인사이트를 꼬집는 책입니다. **"사업은 모든 것에 집중하는 것이다"**라는 저자의 말처럼 이 책을 통해 새로운 시각과 실천이 생겼으면 좋겠습니다.

시리즈 서문

대전환의 시대, 어떻게 장사할 것인가?

코로나로 인한 비대면 시대를 겪으며 장사하는 사장들이 많이 힘들어하는 모습을 보았다. 이제는 코로나 시대가 끝나고 여행길도 다시 열리고 모임도 시작됐건만 생활은 이전과 똑같지만은 않다. 코로나 팬데믹을 극복하자고 각국의 정부는 통화량을 늘렸고 위드 코로나 시대가 되자 금리가 올라가기 시작했다. 이러한 경제 환경의 변화로 사람들이 쓸 수 있는 실제 돈의 양이 줄었다. 당연히 소비 심리도 예전 같지는 않고 장사하는 사장들은 여전히 힘들다. 변화가 온다는 건 명확한데 어떻게 살아남고 어떻게 돈을 벌 것인지 많은 사장들이 고민하고 있다.

게다가 대형 매장을 하려면 장사하는 직원들이 꼭 필요한데, 그들이 일을 대하는 자세와 생각이 사장과 너무 달라서 곤란한 일이 여기저기서 발생하고 있다. 이럴 때는 시대를 반영하되 기본으로 돌아가서 장사의 본질을 다시 생각해봐야 한다고 본다. 사장의 장사 철학과 라이프 스타일도 재점검해야 한다. "요새 애들 왜 그래"라고 탓하지만 말고 변화의 주체는 사장임을 인지해야 한다.

내가 장사를 시작한 지도 벌써 30년이 넘었다. 20대에 시작해서 30년 동안 많은 어려움과 역경이 있었지만, 장사를 시작할 때부터 항상 변화하려고 노력했던 내 기준이 상황들에 맞게 잘 대처해서 성공할 수 있었다. 사람들은 보통 안정기에 접어들면 이제까지의 고생을 보상받기를 원하는 것 같다. 그래서 많은 사람들이 초심을 잃고 장사의 기본과 처음의 고마운 마음을 잊은 채 밖으로 돌기 시작한다. 안타깝게도 그게 내리막의 시작이라는 건 인지하지 못한다.

그래서 장사한 지 5년 정도 지나면 의욕도 떨어지고 자신감도 떨어진다. 고객관리가 잘 안 되고, 잘 된다고 해도 경쟁 매장이 생겨버리면 내리막이 시작된다. 이 책은 장사를 처음 시작하려는 사람을 위한 책이기도 하지만, 초심으로 돌아가 장사를 업그레이드하려는 사람을 위한 책이기도 하다. "저는 5년 동안 매출 바짝 올려서 권리금 받고 팔 거예요" 하는 단기간에 대박을 꿈꾸는 사장이라면 이 책은 맞지 않다. 장사를 천직으로 알고 잘되는 장사를 오랫동안 지속하고 싶은 사람을 위해서 나의 장사 철학과 운영 노하우를 공개하고자 한다.

어느 날 누군가 말했다. "사람은 두 부류로 나눌 수 있다. 하나는 보살이고, 또 하나는 군자보살이다. 일반적인 보살은 나의 고생을 보상받기를 원하고 이만하면 내 인생을 즐기면서 맛있는 것 먹고 여행 다니고 편하게 살기를 원하는 사람이다. 군자보살은 내가 이룬 성공을 나 혼자에 만족하지 않고 많은 사람들에게 성공할 수 있는 방법과 노하우를 공유해서 타인의 성공을 도와주는 삶을 살아가기를 원하는 사람이다."

이 말을 듣는 순간 나는 앞으로 새로운 삶을 살아갈 수 있겠다는 희열을 느꼈다. 나도 뭔가 세상에 도움을 줄 수 있는 사람이 될 수 있다고 생각했기 때문이다. '나는 군자보살이 되어야겠다. 그래서 다른 사람들의 성공을 도와야겠다. 그러면 무엇을 할 수 있을까?' 고민을 많이 했다. 가만히 보니 장사의 경험과 노하우를 책에 담아 사람들에게 주는 것은 내가 할 수 있겠다고 생각했다. 그래서 그것을 이처럼 행동으로 옮겼다.

장사를 처음 시작하는 사람들은 보통 장사를 쉽게 생각한다. '장사 그거 아무나 할 수 있잖아? 그냥 물건 잘 만들어서 팔면 되겠지.'라고 너무 쉽게 생각한다. 하지만 막상 장사를 해보면 참으로 어렵다. 고도의 심리전이 필요한 게임을 반복하는 것 같다.

가장 흔한 착각 중 하나는 장사와 사업을 혼동하는 것이다. 장사와 사업은 완전히 다르다. 그런데 사람들은 장사와 사업을 같은 것으로 보는 경향이 있다. 장사와 사업에는 많은 차이가 있지만, 그중에서 가장 크게 다른 점은 장사는 아주 깊은 것이고 사업은 넓은 것이다. 장사에서의 사장은 매장에 항상 있으면서 아주 깊이 숨어 있는 고객의 마음을 읽어내야 한다. 하지만 사업에서의 사장은 밖으로 많이 다니면서 인맥도 넓히고 비즈니스 영역도 넓혀가야 하기 때문에 사무실에 항상 머물러 있지 않아도 된다.

어떻게 보면 사업보다 더 어려운 것이 장사라 할 수 있다. 장사는 참으로 변화무쌍하고 다양한 고객의 마음을 하나하나 헤아릴 수 있어야 하기 때문이다. 사람의 마음은 아주 사소한 말 하나, 행동 하나에 갑자기 순식간에 변해버린다. 그 변화는 다채로우며, 그 변화를 파악하는 것은 아주 힘들고, 그 변화에 대응하는 것은 엄청 어려운 일이다. 이것을 풀어내는 것은 보통 머리로는 할 수 없다. 장사머리와 공부머리는 확실히 다르다고 말하는 사람이 많은데, 나 또한 30년간 장사하면서 내린 결론 역시 그렇다. 공부를 잘하기 위해 유명한 스타강사에게 배우듯이 장사도 반드시 유능한 사장에게 배워야 한다. 그래야 성공확률이 높아진다.

장사는 사실 아무나 하는 것이 아니다. 그래서 장사도 공부처럼 체계적으로 배워서 해야 한다고 나는 항상 주장한다. 그런데 막상 배우려 해도 장사를 가르쳐주는 곳이 별로 없다. 있다 해도 깊이 있는 내용을 찾기가 힘들고 그저 성공을 위해 롱런하는 장사 방법이 아닌 아이디어로 단기간 매출을 올리는 장사의 스킬을 담은 책을 구할 수 있는 정도인 것 같다.

나 또한 어렵고 힘든 상황에 있을 때마다 누군가에게 묻고 싶었고 배우고 싶었다. 답답하면 서점에 가곤 했는데 경영 책이나 해외 저자가 써놓은 책들을 보면서 나에게 적용해보곤 했다. 그러다가 '한국에는 오래된 실전 경험을 가지고 배움을 나눠주는 사람들이 많지 않은 것 같다. 내가 30년간 경험한 성공할 수 있었던 노하우를 바탕으로 한국의 대표 장사 이론을 세워야겠다.' 그렇게 마음먹고 내 생각을 적어보기로 했다.

장사라는 일이 성립하려면 장사를 결심하고 운영할 '사장'이 있어야 하고, 장사할 공간으로 '매장'이 있어야 하고, 구매를 해줄 '고객'이 있어야 하고, 고객을 응대할 '직원'이 있어야 한다. 이 네 가지 구성요소가 어우러져 잘 되는 장사 집이 탄생하는 것이다. 이 네 가지 주제를 가지고 30년 장사 통해 깨달은 경험과 노하우를 4권의 책으로 정리해 보았고, 장사의 본질을 알고자 하는 사람들과 함께 내용을 공유하고자 한다.

장사의 본질은 시대와 지역을 초월하여 예전이나 지금이나, 해외나 국내나 다르지 않고 변하지 않는다고 생각한다. 부족한 이 책을 통해 장사의 본질을 잘 깨우치고 변화의 흐름에 잘 적응할 수 있는 사고방식과 용기를 얻길 바라며, 시대, 지역, 트렌드 등 여러 가지 걱정 때문에 장사를 시작하지 못하는 예비사장님이나 내리막길에 접어들어 한숨 쉬며 고민이 많은 현재 사장님께도 도움이 되길 바란다.

또한 글로벌 비즈니스나 해외에서의 장사 또한 조건이 다를 뿐 장사의 본질은 같으니, 이 책을 통해 다시 한번 장사를 계획하거나 초심으로 돌아가 처음부터 하나하나 깊이 생각해 보는 시간이 되었으면 한다.

힘들고 어렵고 외로울 때 장사하는 사람들이 나의 경험과 생각을 정리한 이 책들을 통해 들여다보고 위안을 받고 영감을 얻어 힘들어도 다시 용기를 냈으면 좋겠다. 그런 용기와 행동이 반복되면 장사에도 내공이 생겨 반드시 성공할 수 있다고 확신한다.

그리고 만약 이 책을 통해 어느 정도 장사에 성공한다면 매출만 바라보지 말고 이 책을 처음 선택했을 때의 심정으로 '나는 주변 사람들, 고객에게 무엇을 어떻게 도와줄 수 있을까? 나는 이 세상을 살아가며 조건 없이 무엇을 공유할 수 있을까?'라는 생각을 하며 장사하는 마음도 생기길 바란다.

아무쪼록 이 4권의 장사 책 시리즈 덕분에 대한민국에서 장사에 성공하는 사람이 많아졌다는 말을 들을 수 있기를 간절히 기원해본다.

프롤로그

장사를 하려면 경영학 책은 버려라

한국의 자영업자 비중을 보면 2020년 기준 24.6%로 OECD 국가 중 6위에 해당한다. 주요 7개국인 G7 국가들과 비교하면 이탈리아의 22.5%보다 조금 더 높은 수준이다. G7 국가들보다 높은 수치를 지적하며 문제라고 여기는 사람들도 있지만, 나는 조금 다른 관점에서 생각해봤다. 어느 인지심리학자가 이런 질문을 하는 걸 봤다. “50%의 확률로 10억 원을 받는 것과 100%의 확률로 5천만 원을 받는 것 중 어느 것을 고르실래요?” 이 질문에 대다수의 한국 사람들은 50%의 확률이지만 10억 원을 받겠다고 대답했다. 외국인들은 대부분 100%의 확률로 5천만 원을 받겠다고 하는 경우가 훨씬 많았던 것과 대비됐다.

장사를 해서 큰돈을 벌었고 지금은 건물주로 살고 있다는 누군가의 성공 스토리를 우리는 어디선가 한 번쯤은 들어본 적이 있을 것이다. 그리고 경제적으로 어려운 일이 닥치면 말로 뱉어보기도 한다. “그냥 확 때려치고 장사나 할까?” 여기에는 100% 확률의 5천만 원보다는, 못 받을 50%의 가능성이 있음에도 불구하고 10억 원을 택하는 모험심이 담겨 있는 건 아닐까 싶다.

장사는 그다지 능력이 출중하지 않은 사람도 큰돈 없이 도전해볼 수 있는 일이다. 그러나 쉽게 시작할 수 있는 일인 데 반해 실제로 장사로 성공할 확률은 그다지 높지 않다는 함정이 있다. 최대한 긍정적으로 잡아도 성공 확률은 10%를 넘지 않는 것이 현실이다. 물론 장사의 원리를 알고 성공법칙을 터득해 어렵지 않게 돈을 버는 사람들이 있다. 나는 이 책에서 그 이야기를 해볼까 한다.

장사를 하려면 먼저, 장사는 기업 경영과는 다르다는 사실부터 인지해야 한다. 기업은 시스템을 세팅하고 나면 사장의 역할이 많지 않다. 목표를 세우고 방향을 제시하고 전진하도록 독려만 하면 된다. 모든 것을 혼자 다 하려고 하지 말고 권한과 역할을 직원들에게 위임해야 한다. 그런데 30년간의 내 경험에 의하면 자영업은 절대로 그렇게 하면 안 된다.

그동안 내가 읽어봤던 수많은 장사 책들은 사람을 뽑아서 위임을 할 수 있도록 가르치라는 이야기를 하는 경우가 많았다. 그렇지만 실제 장사는 장기적으로 봤을 때 그렇게 하면 망한다. 직원을 가르쳐서 잘하게 되고 그 직원의 힘으로 매장이 잘 굴러가면, 그 다음 나타나는 현상은 사장이 나태해지고 직원에게 의존하는 것이다. 핵심가치를 실행하는 사람이 2인자인 직원이 되는 순간 갑과 을은 뒤바뀌고 영원한 꽃길일 것 같은 그 상황은 금세 끝나고 만다. 피붙이가 아닌 이상 직원은 능력이 생기면 독립을 꿈꾸고 실행하기 때문이다. 그러니 장사를 하려면 회사 경영이 아니라 장사의 경영을 배워야 한다. 예를 들면 진짜 장사의 고수는 지나치게 똑똑한 직원을 채용하지 않는다.

나는 30년간 장사를 해왔는데 그동안 나에게 장사에 대해 이런저런 조언을 구하는 사람들이 많이 있었다. '장사'라고 하면 "사장이 매장을 열고 제품이나 서비스를 팔면 되는 거 아냐?"라고 단순히 생각하는 경향이 있다. 그런데 장사를 하는 사람은 세 가지에 능통해야 한다. 팔 수 있는 매장을 만드는 상상력과 직원들을 움직이게 하는 추진력과 고객에게 만족을 제공할 수 있는 이타심을 발휘하는 것이다. 언젠가는 이것들을 하나씩 짚어보고 싶다는 생각을 했는데, 그것이 4권의 장사 시리즈(사장편, 매장편, 고객편, 직원편)를 생각하게 된 계기였다. 특히 장사를 처음 시작하는 초보 사장들이 체계적으로 고민할 수 있도록 유도하고 싶었다.

그동안 내가 살펴본 장사 책들은 각자가 성공한 스토리를 다룬 내용이 많았다. '이 사람은 이렇게 했구나' 하는 것도 물론 필요하지만, 나는 그보다 각 요소별로 4가지 관점에서 장사의 원리에 대해서 다뤄보고 싶었다. 그래서인지 출간 전에 이 책의 원고를 읽어본 사람들이 "이런 책은 처음 봤어요"라는 반응을 보였다. 나름대로 의도한 바가 구현된 것 같아서 다행이다. 독자 여러분들에게도 이 책이 장사를 더 잘할 수 있는 실용적인 역할을 했으면 좋겠다.

장사하는 사람이 추구해야 할 가치는 두 가지가 있다. 매장의 가치와 사장의 가치가 그것이다. 매장의 가치를 추구하면 고객은 매장을 오고 싶은 곳으로 인지한다. 여기에 더해 장사의 고수는 사장의 가치를 추구한다. 사장의 기술이 뛰어나거나 친절해서 고객이 발걸음을 하는 곳은 오래 간다.

매장을 여러 개 오픈하고 싶다며 나에게 조언을 구하는 사람들도 가끔 있는데, 그때마다 다시 한 번 생각해볼 것을 권한다. 매장을 여러 개 하는 사장은 한 곳에 상주하는 사장과 다르게,

어느 순간부터는 매장에서 설 자리가 없어진다. 수금만 해가는 사람이 되는 순간 그곳에서 나는 더 이상 사장이 아니다. 그렇지만 대부분은 자신이 '회장'이라고 착각한다. 직원들이 그 매장 안에서 모든 권한을 가지고 있으면 매장의 가치도 그 사장의 것이 아니다. 매장이 돌아가고 있는데 그 안의 작은 것도 바꿀 수 없는 사람이 되었다면 그 매장에서 사장은 쓸모없는 사람이다. 사소한 것이라면 모를까 큰 변화를 시도하는 순간 모두가 반발할 것이다. "나는 돈만 벌면 돼요"라고 응답하는 사람이 있다면 물론 할 말은 없다. 그보다 이 책은 잘되는 장사를 오래 하고 싶은 사람을 위해 썼으니까 참고 바란다.

장사 시리즈의 첫 번째는 '사장'에서 시작하려고 한다. 사장은 장사에서 선장 역할을 한다. 매장 운영에도 유효수명이 있어서 변화를 주기적으로 시도해야 하는데, 사장이 그 변화를 주도할 수 없다면 장사는 끝이다. 그게 불가능하면 폐업을 하거나 모든 직원을 내보내고 재세팅하는 수밖에 없다. 그건 정말 힘겨운 일이 될 것이다. 사장은 매장의 생명력을 연장시키는 역할을 한다. 사장이 일정 부분 그 매장에 기여하고 있지 않다면 직원에 의존하게 되고, 결국엔 폐업당하는 것이다.

그동안 경영학 책에서 보고 배운 '사장'에 대한 이론은 장사의 실제에서는 통하지 않을 때가 많다. 장사에서는 사장의 실력이 지대한 영향을 끼치며, 직원이 잘못해도 결국엔 사장이 욕을 먹는다. 그래서 사장이 정말 조심해야 할 것들, 노력해야 할 것들이 많다. 장사에는 그에 맞는 사장의 자기관리 방법이 있어야 한다. 아무리 아낀다고 해도 장사는 초기에 목돈이 들어가는데, 소중하게 마련한 그 자금을 일순간에 날려버리지 않도록 이 책을 통해 사장의 관점에서 고민해봐야 할 장사의 법칙에 대해서 숙지하기 바란다.

차 례

추천의 글 • 4

시리즈 서문 • 6

프롤로그 장사를 하려면 경영학 책은 버려라 • 12

Chapter.1
비전 불패의 법칙

1

• 내가 나를 고용하는 것이 '장사'다 • 025
• 흥정하는 장사에 통달하면 다른 건 쉽다 • 029
• 사장 면허가 필요하다면 무슨 시험을 볼까 • 034
• 팔지 않으면서 파는 사람이 있다 • 038
• 사장이 매력 있어야 장사가 잘 된다 • 042
• 장사의 성공에도 철학이 필요하다 • 047
• 초심을 유지하는 사람은 버전 업 과정이 있다 • 054
• 나에게 맞는 업종을 선택해야 오래 간다 • 057
• 떳떳하게 팔고 당당하게 벌어라 • 061

Chapter.2

기술력 생존의 법칙

- 사장은 독보적인 기술을 갖춰야 한다 • 073
- 적어도 3년은 최고의 고수에게 배워라 • 078
- 비법을 전수받는 비법은 간절함 • 082
- 먹고살 만해지면 기술은 바뀌어야 한다 • 087
- 기술 연마를 위해 나는 이렇게까지 했다 • 092
- 자기를 잘 아는 사람이 장사를 잘 한다 • 097
- 사장이 친절하면 핸디캡이 커버된다 • 101
- 꿀을 타고나면 기술은 평균이면 족하다 • 106

Chapter.3

365일 항상성의 법칙

• 장사는 365일 오픈이 기본값이다 • 115
• 사장은 쉬어도 쉬는 게 아니다 • 120
• 매장의 휴무에 대한 설득 • 124
• 관리하지 않는 매장은 금방 죽는다 • 128
• 내가 30년간 현장감을 유지한 방법 • 132
• 사장이 대외 활동에 바쁘다면 좋은 걸까? • 136
• 성공할 수밖에 없는 습관을 만든다 • 140
• 루틴의 법칙, 매일 하면 미래가 다르다 • 144
• 변함없이 성실한 사장은 주변에서 돕는다 • 148
• 장사를 오래 하려면 몸과 마음을 지켜라 • 153

Chapter.4

롱런을 위한 변화의 법칙

• 고민하지 않는 사장은 추월당한다 • 163
• 장사의 성공 방정식 • 167
• 장사의 성패를 가르는 보이지 않는 손 • 171
• 경험치가 높아지면 변화의 촉이 생긴다 • 175
• 선도할 것인가, 따라갈 것인가 • 179
• 트렌드를 캐치하는 법 • 183
• 생각을 키우는 뇌훈련 • 187

Chapter.5

위기관리의 법칙

- 시야는 넓게, 판단은 빠르게 • 197
- 소나기가 오는데 비를 안 맞을 순 없다 • 201
- 세상이 변화할 때 적응하는 법 • 205
- 작은 실패를 밑거름으로 삼는 법 • 209
- 장사의 성공 비결은 마음 다스리기 • 213
- 사장은 맛없는 식당 밥도 먹을 수 있다 • 217
- 영업사원에게 절대 갑질하지 마라 • 221
- 좋은 기운과 에너지를 모으는 법 • 226
- 과도한 욕심과 열정은 다르다 • 230
- 성공했을 때 나태함을 경계하라 • 234

Chapter.6

후회하지 않는 선택의 법칙

- 인수할 것인가, 새로 오픈할 것인가 • 243
- 2호점을 내면 두 배를 벌 수 있을까 • 247
- 나는 사업가 기질이 있는가? • 252
- 장사를 하면서 한계를 느낄 때 • 256
- 폐점해야 할 때를 알아차리기 • 261
- 매장의 마지막을 잘 정리하는 법 • 265

에필로그 스스로에게 자신감을 불어넣는 법 • 272

내가 심은 나무는
내 생각만큼 자란다

Chapter. 1

비전 불패의 법칙

- 내가 나를 고용하는 것이 '장사'다
- 흥정하는 장사에 통달하면 다른 건 쉽다
- 사장 면허가 필요하다면 무슨 시험을 볼까
- 팔지 않으면서 파는 사람이 있다
- 사장이 매력 있어야 장사가 잘 된다
- 장사의 성공에도 철학이 필요하다
- 초심을 유지하는 사람은 버전 업 과정이 있다
- 나에게 맞는 업종을 선택해야 오래 간다
- 떳떳하게 팔고 당당하게 벌어라

내가 나를 고용하는 것이 '장사'다

많은 사람들이 '이게 요새 핫하니까 빨리 치고 빠져야겠다'는 생각으로 장사를 시작한다. 그런데 장사를 그렇게 여기는 사람치고 돈을 번 사람은 많지 않다. 그건 그저 운에 맡기는 일이 된다. 다른 전문직들도 10년은 해야 자기 노하우를 가진 '전문가' 소리를 듣는다. 장사에 성공하려면 장사를 나의 전문 분야라고 생각해야 한다. 10년간 정진하면 그때부터 진짜 돈벌 기회를 잡을 수 있다고 보는 것이 맞다. '이렇게 하면 되겠다'는 안목과 요령을 갖추면 장사 감각이라는 것이 생긴다.

그래서 장사를 시작하려면 '최소한 10년은 꾸준히 해야지' 하는 마음가짐을 가지는 게 중요하다. 그냥 물건만 판다고 생각할 것이 아니라 '내가 이 일을 왜 하려고 하나?'라는 물음에 답할 수 있어야 한다. 건물주를 잘 선택하면 회사처럼 잘릴 일은 없는 직종이 장사이지만, 여느 직업과 마찬가지로 연구하고 공부해야 성공할 수 있다. 고객에 대한 심리를 파악하려고 노력해야 하고, 자기만의 기준을 세울 수 있어야 한다. 이제 우리가 사는 사회에서는 어느 직업이든 다 비슷한 강도의 노력이 필요하다. 세상 사는 원리는 비슷해서 장사란 무엇인지 그 특징을 잡아내면 '대박'에 성큼 다가설 수 있게 된다.

1997년 우리나라는 외환위기로 인해 기업들이 연쇄적으로 도산하고 달러 보유액이 급감해 IMF에 구제금융을 요청했던 적이 있다. 1990년대, 2000년대에 태어난 지금의 10대, 20대들은 잘 모르겠지만 그 시절의 어른 세대들은 평생직장 개념이 없어지면서 엄청난 변화의 파도를 맞닥뜨렸다. 대량 해고와 일자리 감축 속에서 수많은 근로자들이 실업자가 됐고 서울역 같은 곳에는 노숙자들이 넘쳐났다. 2001년에 출간된 『그대 스스로를 고용하라』는 책은 그런 시대의 현실을 꼬집으며 전통적 의미의 '직장인'은 죽었다고 말하는 책이었다. 스스로 CEO처럼 생각하고 행동하여 자기 브랜드를 구축하라는 이야기였는데, 그 책의 제목은 장사에 뛰어든 지금 시대의 사장들에게도 딱 들어맞는 말이다.

장사를 하면 당장 엄청난 떼돈을 벌 것처럼 생각하는 사람들이 많지만, 실제로 장사해서 돈을 많이 벌었다는 사람은 백에 한

명 있을까 말까다. 아이템을 선정하고 매장을 계약하고 인테리어를 하고 열심히 장사를 한다고 해보자. 그렇게 투자한 지 5년이 지나도 초기 투자금은 회수가 어렵다. 책의 초반부부터 기운 빼는 것 같아 미안하지만, 현실이 그렇다. 월세 내고 재료비와 인건비를 빼고 홍보비, 프로모션 행사비 등을 떼고 나면 경상이익은 20%가 안 넘는다. 업종마다 다르겠지만 이것저것 떼고 이익이 20%면 진짜 잘하는 것이다. 월 5천만 원 매출을 올려도 이익은 1천만 원이라는 얘기다. 그 정도면 훌륭한 결과다.

그래도 없는 사람이 돈 벌 수 있는 기회를 얻는 것이 또 장사다. 특별한 재주가 있어서 좋은 회사에 들어간 사람이 아니라면 고만고만한 소시민이 큰 자본 없이 시작해서 가정에 생활비 가져가고 집을 살 수 있는 정도까지 갈 수 있는 게 장사다. 회사가 직원을 책임져주지 않는 시대에, 장사는 갑작스러운 권고사직 없이 자신의 노하우를 축적하면서 성장할 수 있는 일이다.

거의 매일 매장 문을 열어두고 변화를 민감하게 반영하면서 친절하고 청결하면 장사로 돈을 벌 수 있다. 다만 큰돈을 벌려면 여러 가지 여건이 누적될 때까지 기다려야 하는데, 나의 경우에는 크고작은 노하우가 차곡차곡 쌓여 수면 위로 올라와 피부로 느끼기까지 20년은 걸린 것 같다. 사업을 키우려고 여러 시도와 시행착오를 겪었기 때문에 20년이 걸렸지만, 하나의 매장을 하는 사람이라면 10년 후엔 큰돈은 못 벌어도 남에게 아쉬운 소리 안 하고 월급쟁이보다 나은 수익을 벌 수 있다. 문제는 요즘 사람들은 2년도 못 기다리고 접는 경우가 많다는 점이다. 장기적으로 길게 보는 시각을 갖는 것은 그만큼 희소해졌다.

이미 장사를 하고 있는 사람도 마찬가지로 롱런하려면 수많은 경우의 수를 준비하는 게 좋다. 장사에는 많은 변수가 있으므로 나중에 어떤 일이 벌어질지 모르기 때문이다. 나이가 50대가 되었는데 만약 오래 장사하던 터전에서 쫓겨난다면 난감할 것이다. 내가 건물주라면 모를까 그렇지 않다면, 직장인이 은퇴를 준비하듯이 장사하는 사람들은 항상 쫓겨날 걸 대비해야 한다.

직장인들은 회사의 사장이 바뀌거나 대주주가 바뀌면 변화를 겪고 명예퇴직을 권고 받을 수도 있다. 반면에 장사하는 사람은 건물주가 바뀌는 순간 계약 종료를 통보 받을 수가 있다. 사장이 말을 꺼내냐 건물주가 말을 꺼내냐, 그것이 다를 뿐 언제든 일터에서 잘릴 수 있는 건 매한가지다. 그런 변수들을 알고 장사를 시작하는 사람은 성공 확률을 높일 수 있다.

Think it over

장사하는 사람도 젊을 때부터 미래를 준비해야 한다.

흥정하는 장사에 통달하면 다른 건 쉽다

주위를 보면 많은 종류의 장사가 있다. 그것들을 분류하면 크게 5가지로 나눌 수 있다.

첫째, 물건을 판매하는 형태로 흔히 '잡화'라고 부르는 것을 취급한다. 볼펜처럼 우리가 자주 사용하고 잘 알고 있는 보편적인 물건을 파는 것이다.

둘째, 상담을 통해 물건을 판매하는 형태다. 휴대폰, 자전거, 의료기기, 고급 공산품 등을 취급하며 사양이 다양하기 때문에 구매를 결정하기 위해서는 상담이 필요하다.

셋째, 물건을 조제해서 판매하는 형태다. 빵, 커피, 음식 등은 매장 안에서 판매할 것을 그 안에서 주문 후에 만들어서 제공한다.

넷째, 상담(문진)이 이루어진 후에 물건을 조제해서 판매하는 형태다. 판매는 정해진 가격에 정찰제로 이루어진다.

다섯째, 상담(문진)하면서 흥정까지 이루어진 후에 물건을 조제해서 판매하는 형태다.

이 5가지 중에서 첫째, 둘째는 영어로 하면 스토어(store)라고 부르는 형태이고, 조제 과정이 있는 나머지는 숍(shop)이라고 부르는 형태다. 업종에 따라서 쉬운 장사도 있고 어려운 장사도 있는데, 그중에서도 가장 어려운 장사는 다섯째라고 생각한다. 이유는 상담과 조제와 흥정이 있기 때문이다. 음식점을 예로 들어보면 맛있는 걸 만들어야 장사가 된다. 상담은 없지만 '조제'라는 변수가 들어가며 맛이 없으면 장사가 잘 될 수 없다. 장사가 어려워지는 또 하나의 변수는 '가격 흥정'이 있는데, 고객과 흥정을 하는 업종은 추가적인 노하우가 필요하다.

맛이라는 기술에 고객이 만족할 만한 가격을 더해 장사를 한다는 것은 정말 어려운 일이다. 소비자는 기본적으로 품질 좋은 물건을 싸게 사고 싶은 심리를 가지고 있다. 내가 하고 있는 안경원은 5가지 장사의 종류 중 다섯째에 해당하는 것으로 장사 중에서 가장 어려운 형태다. 안경은 한 번 사면 오래 쓰고, 소비재가 아니고 맞춤이라서 전문성도 필요하다. 또 안경이 잘만 보인다고 되는 게 아니라 패션 제품이라서 유행도 따라야 한다. 고객을 만족시키려면 물건도 예쁘고 많아야 되고 조제도 잘 해야 하고 시력검사와 상담도 완벽해야 한다. 거기다가 가격도 흥정을 잘 해야 최종 판매가 이루어지는 것이 안경원의 장사다.

충족해야 할 요건이 많아서 어렵다 보니까 많은 젊은 안경사들이 안경업을 떠나는 경우가 자주 발생한다. 나 역시 이런 안경업을 30년 동안 해오는 것이 쉽지는 않았다. 포기하고 그만두고 싶을 때도 있었고 고객 때문에 화가 나는 경우도 있었고 여러 가지 많은 변수들 속에서 우여곡절을 겪으며 지금까지 왔다.

한두 시간 동안 고객 응대를 했는데 가격 때문에 그냥 나가버리면 정말 속이 많이 상한다. 장사를 당장 때려치우고 싶다는 생각이 들 때가 한두 번이 아니다. 이런 장사를 내가 30년 넘게 유지할 수 있었던 데에는 사람의 마음을 이해하려고 노력했던 것이 가장 크게 작용한 것 같다.

결국 장사는 사람의 마음을 만족시켜야만 성공할 수 있는 것이다. 이제는 나도 어느 정도 장사의 프로가 되어 흥정에 대한 스트레스는 거의 받지 않는다. 이 경지에 오르기까지 30년이 걸렸다. 이제는 스트레스라기보다는 흥정이 재미로 느껴진다. 흥정이 힘들다 보니까 가끔은 흥정 없이 장사를 해보고 싶다는 생각이 들기도 하지만, 어떻게 생각해보면 정찰제 장사를 하면 금방 싫증이 날 것 같은 생각도 든다. 사람 사는 재미가 없을 것 같다는 생각이 든다. 흥정 뒤에 나의 마음속에는 항상 웃음이 있는 것 같다. 흥정 뒤에 고객들의 만족하는 모습을 보면 나 또한 기분이 좋아진다.

장사의 5가지 분류 중 다섯 번째로 매장 안에서 조제를 하고 흥정까지 해야 하는 장사에 통달하면, 가격 흥정이 없는 장사는 수월하게 할 수 있다. 장사의 맥은 같기 때문에 이 책에서는 다섯 번째 장사 형태에 맞는 장사의 원리와 노하우들을 이야기할 것이다. 안경원을 오가는 안경렌즈 회사, 안경테 회사 영업사원들이 가끔 농담으로 이런 이야기를 한다. "대표님은 다른 장사를 해도 잘하실 것 같아요." 나는 조제와 흥정이 있는 장사를 30년 넘게 해왔기 때문에 당연한 이야기다. 더군다나 안경원만큼 경쟁이 심하고 매장관리가 잘 돼야 하는 고도의 어려운 장사가 드물다. 이 업종에서 성공했기 때문에 예를 들어 가격 흥정이 없는 짬뽕집을 해도 당연히 성공할 자신이 있다. 다만 내 장사를 하기에 바빠서 하지 않을 뿐이다.

음식점의 기본 원리는 첫째 '맛있게', 둘째 '싸게', 셋째 '양 많이'를 충족하는 것이다. 다른 건 중요하지 않다. 맛을 내는 기술을 배우고 가격 좀 적게 받고 많이 먹는 사람에게는 푸짐하게 주면 된다. 5천 원 남기는 대신 1천 원만 남기고 많이 팔면 된다. 마인드만 바꾸면 된다. 칼국수 집이라면 '밀가루가 얼마나 한다고 아끼나, 내가 좀 더 팔면 되지' 하는 생각을 가지면 된다. 실제로 그렇게 생각하는 것이 참 어려운 대목이라는 것이 문제다. 불 앞에서 힘들게 일하다 보면 손님이 두 명 와서 1인분만 시키는 것이 달갑지 않을 수 있다.

안경 공장이 많은 대구 3공단에 가면 국수집이 많다. 단일 품목만 팔기 때문에 장사가 심플하다. 그중에는 건물을 살 정도로 돈을 많이 버는 사람도 많다. 여름에도 불 앞에서 땀을 뻘뻘 흘려가며 힘들게 일하지만, 공단 근로자들이 일하다가 배고파 하니까 국수를 엄청 많이 퍼준 대가다.

Think it over

장사는 어렵지만 원리를 알면 쉽다.

사장 면허가 필요하다면 무슨 시험을 볼까

첫아이를 키울 때 '부모도 면허가 필요하다'라는 생각을 해본 사람이 있을까? 장사를 하다 보면 사장도 면허가 필요하다는 생각이 든다. 그렇다면 장사하는 사장은 무엇을 갖추어야 하고 어떤 걸 평가해야 할까? 같이 일하던 직원들 중에는 내가 오픈에 필요한 도움을 줘서 독립시키는 경우가 있다. 그럴 때 내가 '이 사람은 됐다'라고 생각하는 기준은 두 가지다. 첫째, 서비스 마인드가 있어야 하고, 둘째, 기술이 있어야 한다. 이 두 가지를 갖추고 있으면 장사에 성공할 수 있다.

그 매장에 필요한 기술을 사장이 갖추고 있지 않고 고용한 사람에게 의존한다면 그곳은 머지않아 망할 것이다. 사장은 모든 인력이 나가도 혼자서 장사를 할 수 있어야 한다. 또 장사는 고객과 대면하는 서비스이기 때문에 고객을 응대할 수 있는 실질적인 서비스 마인드가 필요하다.

서비스 마인드는 한마디로 말하면 장사의 '끼'다. 이게 있는 사람은 임기응변을 잘한다. 일대일 대면에서 그때그때 필요한 건 다를 수 있는데 그걸 파악하는 센스가 있어야 한다. 예를 들어 이런 상황이 있다. 부부가 안경을 맞추러 왔다. 검안을 하고 안경테를 골랐는데 원하는 조건을 모두 충족하려면 아내는 최대 이틀이면 바로 완성되는 경우였고, 남편은 도수가 아주 높아서 일주일 걸린다고 안내했다.

다음날 아내의 안경이 완성되어 찾아갔고, 6일째에 남편의 안경이 완성되어 직원에게 전화를 드리라고 했다. 직원은 "안 받아요"라고 했는데, 나중에 알게 된 사실로는 전화번호가 잘못 적혀 있었다. "이따가 전화를 다시 드려라"라고 말한 사장은 통화가 됐을 것이라 생각했고 며칠이 지났다. 한참 후 직원이 차트를 들고 와서 말했다. "전화번호가 잘못돼서 통화를 못했는데 좀 전에 고객한테 전화가 왔어요. 오늘 찾으러 오시라 했습니다." 차트를 보니 통화를 했는지 확인하는 체크 리스트에 '1차 ×(엑스)', '2차 ×'가 표시돼 있었다. 전화 연결이 안 됐는데도 조치 없이 그냥 놔둔 것이다. 고객은 기다리다 기다리다 무려 12일 만에 직접 전화를 한 것이다. 남편 고객은 화내지 않고 안경을 찾아갔기 때문에 다행이었지만, 이건 제대로 고객을 만족시켰다고 평가할 수 없는 상황이다.

남편 고객은 눈이 몹시 나쁜 고도 근시였기 때문에 6일이 지나고도 또 6일이 지나는 동안 꽤나 불편한 생활을 했을 것이다. 아무리 전화번호 기재가 잘못됐다고 해도 사장은 그 직원이 일을 못한다고 생각할 것이다. 두 번 전화 연결을 시도했지만 안 됐을 때 조금만 센스가 있는 사람이라면, 부부가 같이 왔던 손님이니까 아내 전화번호가 남아 있다는 사실에 주목했을 것이다. 혼자 오신 분이었다면 어쩔 수 없었겠지만, 부부가 왔던 데다가 아내 고객이 이미 안경을 찾아간 상황이었으니 그쪽으로 전화를 하면 됐다.

이런 사소한 것이 장사의 끼다. 센스가 없는 사람들은 주어진 일만 한다. '나는 전화를 두 번까지 했는데 안 받는 건 내 잘못이 아니잖아'라고 생각할 수 있다. 그러나 이것이 결국에는 고객 불만족으로 이어진다. 얼핏 보면 이 직원은 잘못한 게 없다. 그러나 진짜 장사의 시각으로 보면 안경을 제때 전달할 수 있는 방법이 있었는데 한 번 더 생각하지 않은 것이다.

장사에서 사고력이 떨어지면 관점에서도 차이를 보인다. '안경을 전달하는 것까지 나의 책임이다'라고 생각했다면 어떻게든 방법을 찾으려고 머리를 썼을 것이다. 서비스란 고객이 정말 불편한 것을 해결하는 것이다. 관점을 고객 입장에 두는 것이 서비스이며, 장사의 끼가 있는 사람은 내 관점이 아니라 고객 관점에서 본다. 일주일 넘어가면서 '고객이 불편할 텐데'라는 생각이 들었다면 '아 참, 사모님이랑 같이 오셨지'라는 게 생각났을 것이다. 내가 불편하지 않은 일이고 내 책임이 아니라고 생각하니까 부부가 같이 온 손님인데 생각을 못한 것이다. 휴먼 터치가 부족한 것이다.

사장은 예민함을 갈고닦아야 하고, 아주 디테일한 부분을 볼 수 있는 순간적인 캐치 능력이 있어야 한다. 그리고 그 디테일은 연속성이 있어야 한다. 장사를 처음 시작할 때는 집중해서 예민함을 지니고 있다가 시간이 지날수록 적응하면서 없어지기도 한다. 사장은 예민함을 항상 유지하고 있어야 하는데, 다른 말로 하면 '촉'이다. 미래에 대한 변화의 촉도 있어야 하고, 고객에 대한 촉도 있어야 하고, 직원에 대한 촉도 있어야 한다. 그걸 놓치면 경쟁력이 점점 떨어진다. 촉은 감각적인 것이라 안 쓰면 둔해진다. 그래서 사장은 항상 현장에 있어야 한다.

Think it over

사장 면허 시험이 있다면 장사의 '끼'와 '촉'을 봐야 한다.

팔지 않으면서 파는 사람이 있다

물건을 팔면서 단순히 이익만을 추구한다고 느낄 때 고객들은 '장사꾼'이라는 말을 쓴다. 장사하는 사람을 낮잡아 말하는 것이다. 반면에 '사장'이란 말은 좀 더 보편적으로 쓰는 말이다. 장사가 아니어도 기업에서도 사장이라는 말을 쓴다. 장사를 하는 사장이라면 장사꾼보다는 좀 더 스케일이 커야 한다. 이익도 중요하지만 이문을 남기는 데 있어 표시가 덜 나야 한다. "나는 무조건 돈이 중요해요"라고 한다면 이 책은 읽지 않아도 좋다. 이 책은 대박을 내고 치고 빠지는 장사꾼에 관한 책은 아니다.

장사를 하면서 가장 잘 하는 것은 팔지 않는 것처럼 하면서 판매하는 것이다. 안경원에 왔던 손님 한 분이 이런 이야기를 했다. "요 앞에 안과에 갔더니 '백내장 수술 안 해도 됩니다'라고 하더라고. 나는 그 병원밖에 안 간다." 왜냐고 물었더니 "그 안과에 다닌 지가 몇십 년이 되어가는데 그 원장님은 무조건 하지 말라고 한다"고 대답했다. 그런데도 그 안과는 환자가 미어터지게 많다고 한다. 다른 안과에 가면 자꾸 뭔가를 하라고 하는데 이곳은 다르다는 것이다.

자꾸만 "이거 하세요", "저거 하세요" 말하는 사람은 장사꾼이다. "안 해도 돼요"라고 말하는 사람은 격이 다르다. 어느 쪽이든 고객은 필요하면 결국엔 하게 돼 있다. 상태가 악화되지 않는다면 다행일 테지만, 백내장 수술을 당장 안 하더라도 1년 뒤가 됐든 3년 뒤가 됐든 정말 상태가 나빠지면 그 사람은 다시 그 안과를 찾을 것이다. 다른 게 있다면 수술을 하는 시점에 차이가 있을 뿐이다.

안경원의 경우에는 다초점렌즈에 관한 문의가 비슷한 상황이다. 고객이 다초점렌즈에 관해 물으면 "하지 마세요. 그거 불편해요"라고 나는 말하곤 한다. 그리고는 이런 대화가 오고간다.

"예? 다른 집에서는 다들 하라고 그러던데요."

"써보세요. 써보면 제 말이 무슨 말인지 알 겁니다."

"이제껏 4군데 돌아다녔는데 하지 말라는 사람은 처음인데요."

이럴 때 사장에 대한 고객의 신뢰는 확 올라간다. 장사꾼은 돈을 따르지만 장사하는 사장은 신뢰를 쌓는다. 손님은 결국 그 제품의 장단점을 깨우쳐서 스스로 선택하게 된다. 그런데 장사를 잘 못하는 사람은 자꾸 설득을 하려고 한다. 이건 이래서 좋고 저건 저래서 편하다고 한다. 그런데 장사의 고수가 되면 한 수 물러설 줄 안다. 사장은 신뢰를 파는 사람이기 때문이다.

안경원에 부부 고객이 와서 안경테를 고르고 있었다. 아내는 기왕이면 비싸고 좋은 걸로 고르라고 하고, 남편은 싼 걸로 하겠다고 옥신각신 싸우고 있었다. 이럴 때 아내가 비싼 쪽을 권하고 있었기 때문에 조금만 밀어붙이면 비싼 걸 팔 수도 있다. 그렇지만 이럴 때는 잘 참을 수 있어야 한다. 장사를 할 때는 항상 딜레마에 빠진다. 비싼 걸로 팔고 싶은 마음이야 굴뚝같지만, 그렇게 하는 것보다는 한 템포 쉬는 게 낫다.

만약에 아내 고객을 공략해서 비싼 걸 팔았다고 해보자. 당장 돈은 벌었고 매출은 올라가지만, 남편 고객은 끝까지 만족하지 못한 상태일 것이다. 그런데 밀어붙이지 않음으로써 남편 고객은 자신이 원하는 대로 할 수 있고, 이곳은 굳이 강매를 하지 않는다는 생각이 들면서 신뢰를 얻을 수 있다. 그러면 다른 제품으로 하나 더 추가 구매할 수도 있고, 다른 사람에게 소개해서 시너지 효과를 볼 수도 있다.

장사꾼은 당장 이익 때문에 물건을 팔지만, 사장은 지금 신뢰를 얻어서 나중에 더 많이 팔려고 한다. 일회성 고객이 아니라 단골을 만들면 장사는 롱런할 수 있다. 한 사람이 한 번 와서 20만 원을 쓰고 가는 것보다 이 사람이 10년간 계속 오면서 10

만 원씩 10번 쓰고 가는 것이 낫다고 생각하는 것이다.

사람들은 장사꾼의 말은 안 믿는다. 아무리 손해 보고 판다고 해도 안 믿는다. 장사꾼이란 말 속에는 신뢰가 없다. 공짜로 서비스를 줘도 '이상한 재고상품 주는 거 아냐'라고 생각한다. 안경원에 오는 손님들이 자꾸 "비싸다"고 말하면 나는 이렇게 대답하다. "예, 많이 남습니다. 근데 많이 나갑니다. 공간이 커서 집세도 많이 나가죠. 세금 나가죠. 전기세 나가죠. 직원들 월급도 줘야 됩니다. 남아야 이걸 다 해결하죠."

이러면 고객들도 수긍하고 부정적인 얘기는 안 한다. "그냥 좀 잘해줘요" 정도에서 대답한다. "우리 이거 안 남아요"라고 말해봐야 믿지 않는다. 오히려 당하는 거 아닌가 싶어서 불안해한다. 이미 손님들이 비싸다는 생각을 가지고 있는데 자꾸 부정하고 설득해봐야 아무 소용이 없다.

Think it over ——————

장사의 끼는 사람의 마음을 아는 것이다.

사장이 매력 있어야 장사가 잘 된다

잘나가는 매장을 보면 물건이 좋고 이용하기 편리해서 가는 고객이 있고, 인테리어가 좋거나 분위기가 좋아서 가는 고객이 있다. 또 사장을 보고 가는 고객도 있다. 가치를 지니고 있는 매장은 3가지 유형이 있다. 매장 자체가 좋아서 가는 곳, 직원이 친절해서 가는 곳, 사장의 가치가 있는 곳이다.

장사는 매장의 경쟁력과 함께 사장의 경쟁력도 있어야 한다. 대부분의 사장은 매장이 잘 되면 '이 매장은 경쟁력이 있으니까 고객들이 영원히 올 것'이라고 착각을 한다. 매장만 경쟁력이 있으면 오래 갈 것이라 생각하는 건 착각이다. 매장의 경쟁력은 언제든지 뒤집어질 수 있다. 더 똑똑한 사람이 더 많은 자금을 가지고 분위기 좋은 매장을 오픈하면 언제든 손님을 뺏길 수 있다.

근처 더 좋은 자리에 인테리어도 괜찮고 맛있는 곳, 물건 좋은 곳이 생기면 고객은 언제든지 기꺼이 옮겨간다. 매장 경쟁력을 갖추되 사장의 기술이나 서비스, 친절이 좋아서 가는 곳이어야 한다. 사장이 곧 그 매장의 경쟁력이 되는 것이다.

사장의 가치를 제대로 이해하는 사장은 직원의 권한이나 능력을 최소화한다. 매장의 경쟁력에서 직원의 힘을 배제시킨다. 똑똑하고 잘 배우는 직원은 언젠가 나가기 때문이다. 그래서 장사를 잘하는 사람들은 굳이 유능한 직원을 뽑지 않는 사람도 있다. 장기적인 리스크 관리를 하는 것이다.

나 역시 고객이 직원을 보고 왔다는 상황을 그다지 좋아하지 않는다. 직원이 친절해서 오는 가게를 보면 사장이 자리를 잘 비운다. 당장은 그게 매장의 경쟁력이 될 수 있지만 오래갈 수는 없다. 직원은 언제든 나갈 수 있는 사람이며, 심지어 핵심 노하우를 들고 나갈 수도 있다. 사장은 일정 부분 언제든 매장에 관여하고 있어야 한다. 완전히 내려놓고 직원의 힘만으로 알아서 돌아가게 하면 안 된다. 직원의 가치를 최소화하고 사장의 가치를 지켜야 한다. 이 부분을 착각하는 사람이 상당히 많다.

'한식대첩' 같은 경연 프로그램에서 우승한 셰프가 삼계탕 집을 한다고 생각해보자. 이곳은 사장의 가치를 가지고 장사를 이끄는 집이다. 사장에게 브랜드가 있기 때문에 직원은 누구여도 상관없다. 자기 기술에 노하우가 있고 매스컴을 탔고 브랜딩이 된 사람이라 고객들은 사장만 보고 이곳에 방문할 것이다. 이때 삼계탕 집의 품질을 명성에 맞게 유지시키는 것이 아주 중요하다. 이런 경우에는 매장을 여러 개 하면 어느 순간부터 한계에 다다른다. 사장이 품질을 유지시키는 데에 과부하가 걸리기 때문인데, 결국 그 사장의 가치를 유지할 수 있는 선에서 자제해야 한다.

가장 좋은 건 사장이 현장에 상주하면서 한 개의 매장에 집중하는 것이다. 김영모과자점, 고기리막국수 같은 곳이 그렇다. 사장에 대한 가치를 정확히 알고 지켜나갈 수 있으면 대박 장사를 오랫동안 할 수 있다. 그걸 아는 사람들은 매장을 여러 개 하지 않는다.

사람들이 줄 서서 먹는 잘되는 집에 "저도 로열티 내고 매장을 해도 되겠습니까"라고 찾아오는 사람이 있다면 어떻게 해야 할까? 사장의 가치를 지키기보다 당장 벌 수 있는 돈에 집중하면 매장의 수를 마구 넓힐 것이다. 돈의 가치로 따지면 그게 맞다. 그러나 사장의 가치를 중요시하면서 지킬 것이라면 허가하면 안 된다. 내가 아닌 다른 사람이 똑같은 가치를 재현해낼 수는 없다고 보는 것이다. 사장의 가치를 가지고 있으면 한 번에 많이 벌 수는 없지만 오래 갈 수 있다. 내 이름, 내 브랜드가 여러 군데로 흩어지면 그 가치는 점점 떨어진다.

이건 각자 선택할 문제이긴 하다. 사장의 브랜드 가치를 나누면서 사업으로 가져가고 싶다면 '어떻게 하면 내 가치를 줄어들지 않게 하면서 나눌 것인가'를 고민해야 한다. 그게 가능하려면 매뉴얼화하고 시스템화해야 한다. 시스템이 받쳐주지 않으면 그 브랜드 가치는 오래 가지 못한다. 로열티를 내고 같은 간판을 달았던 사람이 1년이 지나고 '별거 아니네. 나도 할 수 있겠다'는 생각을 하는 일은 얼마든지 벌어진다.

프랜차이즈 매장을 하는 사장들 중에도 사장의 가치를 충분히 살려내는 사람들이 있다. 프랜차이즈 옷가게 매장이 100개가 있다면 흑자 매장은 30개, 손익분기점을 겨우 넘기는 매장이 40개, 나머지 30개는 망한다고 한다. 전체 100개 중에 진짜 돈을 많이 버는 곳은 10개 정도다. 그곳 사장들은 장사의 끼가 있는 분들이고 간혹 매장을 여러 개 하는 능력자도 있다.

수원역 근처에 5평짜리 옷가게 브랜드 매장이 있었다. 월 매출 4천만 원을 올릴 정도로 장사를 잘하는 젊은 사장이 있었다. 그걸 평소에 옆에서 지켜보던 친구가 "권리금 2천만 원을 줄 테니까 나에게 넘겨줘라"라고 했다. 마침 이 젊은 사장은 매장을 여러 개 하고 있었기 때문에 친구에게 매장을 양도했다. 자리가 좋아서 잘될 거라 생각했던 친구는 딱 두 달이 지나고 나니까 얼굴이 흙빛으로 변해가기 시작했다. 매출은 반 토막이 났고, 너무나 힘들었던 이 친구는 6개월 뒤에 다시 예전 사장에게 호소했다. "네가 이 매장 다시 가져가줘라. 권리금 안 받을게. 나는 못하겠어."

매장의 경쟁력만으로 장사가 잘 되는 것이 아니다. 사장에게 능력과 매력이 있어야 돈을 벌 수 있다. 그것들을 제대로 갖추려면 장사는 고수를 찾아가 제대로 배우고 시작해야 한다.

Think it over

입지만 좋다고 해서 장사가 잘 되는 것은 아니다.

장사의 성공에도 철학이 필요하다

장사하는 사장은 고객 만족으로 무장이 돼 있어야 하고, 기술이 있어야 하고, 실력을 갖춰야 한다. 다른 곳에서는 만족하지 못했는데 이곳에서만 충족할 수 있는 기술이나 서비스가 있어야 한다. 소비자의 욕심은 좋은 제품을 저렴하게 사는 것이기 때문에 가격 경쟁력을 맞춰줄 수 있는 것도 실력이다. 아무리 불친절해도 가격이 싸면 고객은 온다. 그게 소비자의 생리다.

통계적으로 보자면 그냥 생활반경 내에서 가까워서 오는 고객들도 많다. 가까운 것이 편리한 것이라고 생각하는 것이다. 모든 고객들이 다 예민하지는 않으며, 그냥 별생각 없이 구매하는 사람도 많다. 우리 안경원에도 제품의 특징을 말하고 있으면 "설명 그만하세요. 그냥 주세요" 하는 사람이 있다. '내 전문 분야도 아닌데 어떤 게 좋은 건지 어떻게 알아'라고 생각하는 것이다. 들어도 모를 것 같은데 굳이 신경쓰기 싫다고 생각하는 사람도 의외로 많다.

장사를 잘하는 사람은 '고객에게 어떤 가치를 줄 것인가'를 생각하며, 매장을 운영할 때 사장으로서 꼭 지켜야 할 기준이 명확히 서 있다. 사장으로서의 가치 철학이다. 고객이 아무리 싼 걸 좋아해도 '싼 게 비지떡'인 매장이라면 그 업종에서 기대하는 가치를 얻어가진 못할 것이다. 고객 만족이 안 되는 것이다. 가격적 경쟁력을 가지고 있으면서 상위의 기술을 갖추고 있거나, 특별히 다른 곳보다 뛰어난 가치를 줄 수 있는 남다름을 갖추고 있으면 까다로운 고객도 만족시킬 수 있다.

성공하는 장사를 오래 하고 싶다면 장사에도 철학이 필요하다. 자기 사명을 생각해보는 것이다. 그런데 과연 장사를 처음 시작할 때 철학을 가지고 시작하는 사람이 있을까? 현실적으로는 없을 것이다. 먹고살려고 시작한 장사에 우선은 돈을 버는 것이 중요할 것이다. 그런데 하다 보면 돈을 벌면서 두 종류의 사람으로 갈라진다. 돈이 만족스러워서 돈만 생각하는 사람이 있고, 돈을 벌면서 사회 환원을 한다든지 감사함으로 다시 재해석하는 사람이 있다. 그 대목에서 철학이 생기고 그게 롱런하는 장사의 비결이 된다.

젊은 시절 크게 돈을 번 사람일수록 철학의 부재(不在)는 독이 되어 돌아온다. 하루 100만 원씩 벌던 사람이 철학이 없을 때는 내일도 모레도 100만 원씩 벌 수 있다고 생각해서 그 돈을 쓰는 데 정신이 팔린다. 계속해서 그 돈이 벌릴 거라고 생각해서 밤마다 도박을 한다든지 다른 데 정신이 팔려서 탕진을 하고 만다. 그건 불행의 시작이며 아무리 많이 벌어도 소용이 없다.

지금은 '빙수' 하면 '설빙'을 떠올리지만 이 아이디어를 처음 사업화시킨 건 2000년대의 아이스베리였다. 이 젊은 창업주는 1999년 2평 남짓한 신촌의 떡볶이 가게를 빌려 창업을 시작했고, '사계절 과일빙수'라는 콘셉트의 매장으로 33호점까지 체인점을 늘렸다. 당시에 대학생 성공신화로 유명했던 그는 카지노에서 재산을 탕진하고 빚을 갚기 위해 수십억 원대 투자금을 끌어모으다가 2006년에 사기 혐의로 결국 구속됐다.

먹고살기 위해 장사하는 걸 부끄러워할 필요는 없다. 떳떳하게 시작해라. 그러나 돈을 벌면서 궤도에 올랐는데도 철학이 없다면 그때부터는 부끄러워할 일이 흔하게 생긴다. 장사를 시작해서 3년 정도 지났다면 자기 철학을 만들어가야 한다. 직업에 대한 감사함, 소중함으로 자신의 '일'을 재해석하는 것이다.

나 역시도 아무것도 가진 것 없이 먹고살려고 안경사를 시작했다. 당장 먹고살기 바쁜데 당연히 무슨 철학이 있었을 리가 없었다. 그런데 돈을 벌고 내가 맞춰준 안경에 만족하는 고객도 만났지만 진상고객도 만났다. '도대체 왜 그럴까?' 고민이 시작됐고 인간의 심리에 대해서, 인간 존재에 대해서 생각해보게 됐다. 그러다 '안경'이란 존재가 얼마나 소중한가 느껴졌다. 이 안경이 없었으면 내가 뭘 먹고살았을까 싶었던 것이다. 그때 내가 결심한 것이 두 가지가 있었다. 첫째, 안경 외에는 다른 것에 한눈 팔지 않겠다. 둘째, 안경업계를 위해 뭔가 보답하고 기여하겠다. 20대부터 생각한 나의 규칙을 이제껏 나는 지켜오고 있다.

돈을 못 벌었다면 나에게도 철학이고 뭐고 생길 일이 없었을지 모른다. 장사는 3년 안에는 성공 궤도에 올라야 오래 잘되는 장사를 유지할 기반을 만들 수 있다. 그래서 대략 3년 안에는 '어떤 철학을 가지고 장사할 것인가' 생각을 정리해야 한다.

나는 처음 나의 점포를 오픈했을 때부터 안경 조제를 할 때 '이 안경 끼고 좋은 일만 있어라', '이 안경 끼고 공부 잘해라' 하는 염원을 담곤 했다. 직원들에게 마음가짐을 강조하고 싶을 때는 다음과 같은 이야기를 해준다.

옛날 옛날에 어느 마을에 최고라고 추앙받는 대유학자가 있었다. 그에게는 수제자가 두 명이 있었다. 그 학자의 생일을 맞아 두 제자는 스승에게 인사하러 가면서 소고기를 선물하기 위해 고기를 팔고 있는 푸줏간으로 갔다. 그 학자가 소고기를 엄청 좋아했기 때문이다. 그곳에서는 이른 아침부터 많은 사람들이 줄을 서 있었다. 제자 A는 스승님에게 가장 먼저 인사드리겠다는 마음으로 많은 사람들을 제치고 맨앞으로 성큼 다가가 주인장에게 말했다. "여보게, 소고기 10근 좀 주게."

새치기를 해서 앞으로 온 그에게 주인장은 말했다. "송구합니다. 뒤에서 다들 줄을 서서 기다리는 사람들이 많으니, 줄을 섰다가 오시면 제가 해드리겠습니다." 제자 A는 급한 마음에 엄포를 놓았다. "백정 주제에 양반이 달라고 하는데 안 줘?" 신분 사회라 어쩔 수 없었던 주인장은 어쩔 수 없이 소고기 10근을 썰어서 줬다. 스승님에게 가장 먼저 도착한 제자 A는 말했다. "스승님, 좋아하시는 소고기를 제가 사왔습니다." 스승님은 좋아하면서 "얼른 구워와라"고 했는데, 웬일인지 소고기가 엄청 질기고 맛이 없었다.

그러고 있던 찰나에 제자 B가 그제서야 스승님 댁에 도착했다.

한편 제자 B는 줄을 서서 한참 기다리고 있다가 자기 차례가 됐다. "김서방, 소고기 10근 좀 주시게나." 주문을 받은 주인장은 "예, 나으리" 하며 소고기를 썰어줬다. 스승님 댁에 B가 도착했을 때는 A가 사온 소고기를 이미 맛본 뒤였고, 스승님은 B에게 "네가 사온 것도 한번 구워봐라" 했다. 그런데 같은 집에서 사온 소고기인데도 B가 사온 고기는 너무너무 맛있었다.

A가 화가 나서 푸줏간으로 달려가서 항의했다. "똑같은 집에서 샀는데 내가 사간 것은 맛이 없으니 나에겐 다른 것을 주었지? 분명 자네가 이상한 고기를 주었을 것이야." 그랬더니 주인

장은 답했다. "아니요 나으리, 똑같은 고기입니다. 어떻게 감히 저 같은 상것이 거짓말을 하겠습니까? 하지만 나으리가 가져가신 건 백정이 썰은 고기이고, 다른 나으리가 가져가신 건 김서방이 썰은 겁니다. 똑같은 고기라도 주인의 마음에 따라 달라질 수 있겠죠. 차이는 그것뿐입니다."

장사하는 사람이 어떤 마음으로 임하는지에 따라서 결과값은 달라진다. 그만큼 장사하는 사람의 마음은 중요하다. 직원들에게도 종종 이야기한다. "너는 백정이 될래? 김서방이 될래?"

Think it over

비전, 철학, 목표, 기준…… 표현은 어떤 것이어도 좋다. 사장은 자기 업에 맞는 마인드를 갖추고 있어야 한다.

초심을 유지하는 사람은 버전 업 과정이 있다

매장에 손님도 많고 매출을 잘 올리고 있던 사람이 몇 년 후에 망해서 폐업했다는 이야기를 들을 때가 있다. '잘하던 사람이 왜 망했을까' 싶은데, 옛날 어른들이 자주 하시는 말씀에 답이 있다. 장사하는 사장으로서 자질을 갖추고 성공 가도를 달리던 사람이 의외로 초심을 빨리 잃는 경우가 많다. 끼와 촉이라는 자질을 가지고 있으면 일정 궤도의 성공까지 가는 데는 무리가 없는데, 초심을 유지하지 못하면 내리막이 시작된다. 이건 단지 장사에만 해당하는 이야기는 아니며, 모든 분야에 적용된다.

끼와 촉을 발휘하면 한 달에 1천만 원을 버는 건 어찌어찌 할 수 있다. 그런데 매달 1천만 원 버는 걸 유지하기는 어려운 일이다. 또 그걸 매년 지속하기는 더 어렵다. 장사해서 성공하기란 그래서 어려운 것이다. 처음에 장사를 시작할 때는 먹고살려고 악착같이 일한다. 아침 일찍 나와서 저녁 늦게까지 열심히 한다. 그렇게 잘 하다가 좀 먹고살 만하면 초심을 잃어버리면서 성실성이 떨어지기 시작한다. 사장이 갖춰야 할 끼와 촉이라는 자질의 밑바탕에는 성실이라는 기초 공사가 필요하다.

손님들은 항상 사장을 지켜본다. 사장이 부지런히 움직이고 있는 가게에 가면 팔아주고 싶은 마음이 든다. 매장을 오픈한 이후로 쉬는 날 없이 자리를 지키고 있는 사장을 보면 고객들은 성실하다고 인정하면서 신뢰를 한다. "와, 사장님은 일요일도 나와 계시네요. 사장님이 열심히 하는데 도와드려야죠"라고 알은체한다. 그러나 나가서 노느라 바쁜 사장이 자리를 비우고 있는 가게에 가면 팔아주고 싶지가 않다.

먹고살려고 처음 장사를 할 때는 '먹고살아야 한다'는 것 자체가 철학이다. 그러다가 먹고살 만해지면 '어떻게든 먹고살아야 한다'는 철학이 더 이상 힘을 발휘하지 못한다. 철학이 부재한 상태로 아무 생각 없는 사람이 되는 것이다. 먹고살 만한 상태가 되었다면 그 상황에 맞는 새로운 철학을 만들어야 한다. 흔한 말로 등 따시고 배부르면 힘든 걸 하고 싶지 않다. 힘든 일은 직원한테 맡기고 사장이 매장에 붙어 있지 않는 경우가 점점 늘어난다. 사장이 안 보이기 시작하면 매장은 순식간에 무너지기가 쉽다.

초등학교 6학년으로 기억하는데 어렸을 때 학교에 가는 수단으로서 나는 자전거를 배웠다. 시골에서 중학교에 가려면 차로 20분 정도 가야 했기 때문에 자전거를 배운 것인데, 지금 생각해 보면 내 인생에서 가장 기쁜 순간이었다. 나는 그때를 계기로 인생에 자신감을 가지게 됐던 것 같다. 그전까지 나는 평생 자전거를 탈 수 없을 것이라 생각했다. 왜냐하면 소아마비를 앓아 한쪽 발은 힘이 없는 상태라서 한발로 자전거 타기는 불가능하다고 생각했기 때문이다. 하지만 인간이란 '불가능이 없다'는 것이 맞았다. 학교 운동장에서 몇 달 동안 넘어지고 무릎에 피가 나면서도 나는 끝까지 자전거를 정복했다. 나의 생활반경이 넓어지는 순간이었다. 학교에 가는 방법은 자전거밖에 없다는 절박함이 그걸 가능하게 만들었다고 본다.

버스에서 내려 중학교까지 걸어가는 시간이 나는 남보다 오래 걸렸다. 보통 사람들이 10분 정도 걸린다면 나의 걸음으로는 30분 이상 걸려서 나는 자전거가 절실했다. 아버지는 "너는 몸이 불편하니까 남보다 2배, 3배 더 열심히 해야 돼"라고 말씀하시곤 했다. 자전거를 타고 다니면서부터 나는 스스로 대단하다 느끼면서 '나는 뭐든 할 수 있는 사람이다'는 생각을 했던 것 같다.

자전거를 타고 달리다가 페달을 안 밟으면 가속도가 붙어 있으니까 어느 정도까지는 갈 수 있다. 그렇지만 그 상태에서 계속 페달을 안 밟으면 자전거는 멈추고 나는 넘어진다. 장사도 자전거 페달을 밟는 것과 같다고 생각한다. 동력을 지속적으로 체크

하고 인풋을 넣어줘야 한다. 내가 30년째 성실하게 장사를 할 수 있었던 것은 동력으로 작용하는 나만의 철학을 계속 가지고 있었기 때문이다. 장사를 계속해서 잘하는 사람이 드문 이유는 상황에 맞게 철학을 업그레이드해서 유지하는 사람이 드물기 때문이다.

잠깐 장사가 잘 되다가 하락세를 걷는 것이 아니라 계속해서 장사를 잘하려면 모든 걸 롱런을 전제로 생각해야 한다. 그래서 성실이 가장 기본으로 필요하지만, 그 성실함을 유지할 수 있어야 한다. 장사에 필요한 기술도 단계별로 버전을 높여가야 하며, 그에 맞춰서 철학도 단계별로 달라져야 한다. 기본적인 기술은 장사를 시작하기 전에 갖춰야 하지만, 장사 현장을 경험하면서 기술도 마인드도 업그레이드돼야 한다. 그래서 위기관리와 변화관리가 필요한 것이다. 이 책은 돈 버는 장사를 오래 유지하고 싶은 사람을 위해 썼다는 걸 생각해주기 바란다.

Think it over

고객의 마음을 움직이는 가장 큰 힘은 성실함, 일관성이다.

나에게 맞는 업종을 선택해야 오래 간다

옛말에 "친구가 장에 간다고 거름 지고 따라가지 마라"는 말이 있다. 어느 집에나 다 있는 똥거름을 장에서 팔아봤자 그걸 살 사람은 없기 때문이다. 아무리 남들이 장사해서 돈을 많이 벌었다고 해도 무조건 따라하면 안 된다. 뭐라도 해본다고 똥지게를 지고 가다가는 쫄딱 망한다.

장사를 잘 하고 있는 사람들의 공통점이 있다. 처음에 옷가게로 돈을 번 사람은 평생 옷 가게만 한다. 음식점을 해서 잘 되면 평생 음식점을 한다. 또 안 되는 사람들의 공통점이 있는데, 이거 하다가 안 되면 저거 하고 그러다 안 되면 또 다른 걸 한다. 많은 사람들이 자신에게 맞는 업종을 잘 찾지 못하는 모습을 볼 수 있다. 그래서 장사를 하든 다른 무엇을 하든 어릴 적부터 '나'를 탐구하는 게 참 중요하다. 자신이 잘 할 수 있는 걸 찾고 그걸 끝까지 끌고 가는 게 중요하다. 그런 과정은 매장의 스토리가 되기도 한다.

한 가지를 꾸준히 파고들어서 연구하면 실력을 갖추게 될 확률이 높아진다. 예를 들어서 내가 수학을 잘 못한다면 어떻게 해야 할까? 나는 최선을 다해 열심히 한다고 했는데 성적이 안 나온다면? 하기 싫어도 수학은 해야 하고 포기할 수 없다면? 그러면 과외를 받으면 된다. 스승을 찾아가면 되는 것이다.

자신에게 맞는 업종을 찾는 것은 웬만하면 자기가 좋아하는 것, 잘할 수 있는 것으로 하면 좋다. 요리하는 걸 좋아하면 음식점을 하면 된다. 그렇지만 좋아하지 않아도 자기 업종이 될 수는 있다. 나 같은 경우에 안경을 잘 다뤘다거나 안경을 좋아했던 건 아니다. 어린 시절 "나는 안경사 할래" 할 사람은 거의 없을 것이다. 그저 먹고살려고 이걸 배웠고 하다 보니까 소중해진 것뿐이다.

장사를 시작해서 돈이 들어오기 시작하면 사람들은 '내가 잘해서' 돈을 벌었다 생각한다. 물론 그것도 맞는 말이지만, 그 업이 없었다면 나도 없는 것이다. 그래서 나는 '안경'에게 참 고맙다는 생각을 하며 살아왔다. 장사를 하다가 너무 힘들어서 동양철학을 공부했던 적이 있는데 누구나 자신에게 맞는 업이 있다는 걸 깨달았다. 술 장사가 아무리 이익이 크다고 해도 아무나

술 장사를 해서 돈을 벌 수 있는 게 아니다. 내가 만약 술 장사를 했다면 어떻게 됐을지 모른다. 결국은 안경이 나와 합이 맞았고 내게 소중한 업이 되었기 때문에 고마운 것이다. 안경은 나에게 은인이기 때문에 이걸 버리면 안 된다고 생각했다.

좋아하고 잘하는 걸 업으로 삼아야 한다고 하면, "저는 잘하는 게 없는데요" 하는 사람들이 있다. 물론 부모에게 타고난 재능을 물려받은 일부 사람을 빼고는 대다수의 사람들은 자신이 뭘 잘하는지 모른 채로 살아간다. 그럴 때는 인연이 되는 걸 찾으면 된다. 자신의 삶에서 맞닿은 걸 선택하면 된다. 놀러 갔다가 직장을 구할 수도 있고 아르바이트를 하다가 직장을 구할 수도 있다. 하고 싶었던 것이 아니어도 사람은 배우면 할 수 있다. 물론 재능이 있으면 빨리 할 수 있지만, 꼭 재능이 있지 않아도 상관없다. 느리더라도 두 배 연습하면 된다.

다만 업종을 선택할 때 유행을 따라가는 건 추천하지 않는다. 유행은 금방 바뀌기 때문에 이미 유행하고 있는 아이템에 뛰어들면 뒷꽁무니를 붙들게 될 가능성이 많고 준비하지 못했던 변화의 기류에 휩쓸리게 된다. 세상의 트렌드는 주기적으로 돌고 돈다. 남들이 관심 갖지 않은 걸 시작해서 꾸준히 하고 있으면 돌고 돌던 트렌드가 내가 있는 위치와 맞아떨어질 때가 있다. 그때 이미 준비를 마친 상태라면 돈을 벌 기회를 잡을 수 있다.

Think it over

주식 투자에서 단타 매매를 하듯이, 1~2년 매출을 무리하게 펌핑시켜놓고 양도하고 빠지는 장사꾼들이 있다. 돈은 가장 빨리 벌지 몰라도, 그들 중 인생의 끝이 좋은 사람은 보지 못했다.

떳떳하게 팔고 당당하게 벌어라

얼마 전에 안경원에서 전화 한 통을 받았다. 두 달 전에 드림렌즈로 근시 관리를 하면서 새로운 안경을 맞춰간 고3 학생의 엄마였다. 당시에 판매를 주도했던 직원은 그 사이에 퇴사를 한 상황이었고 다른 직원이 전화를 받았는데, "아이가 안 보인대요"라고 했다.

드림렌즈는 근시안(Myopic eye)일 때 눈이 덜 나빠지도록 각막을 눌러놓는 콘택트렌즈형 시력교정기구다. 성장기 아이들이 비정시 중 하나인 근시가 생기면 교정을 해야 하는데, 안경으로 교정하는 게 아니라 밤에 딱딱한 하드렌즈 형태의 각막을 교정해주는 렌즈인 속칭 드림렌즈(Ortho keratologic lens)를 끼고 자면 다음날은 렌즈를 빼고 생활할 수 있다. 자는 동안에 각막을 누름으로써 근시 조절을 하는 드림렌즈는 사실 눈이 더 이상 안 나빠지게 하는 도구가 아니다. 중국의 전족 풍습을 떠올리게 하는 원리다. 중국에서 3~6살 정도의 여자아이들에게 발을 인위적으로 작게 만들기 위해 밤에 엄지발가락 외 네 발가락을 발바닥 방향으로 헝겊으로 힘껏 동여매어 놓는 것이 전족이다.

드림렌즈 역시 각막이 자라지 않게 눌러놓는 것이기 때문에 렌즈를 착용하지 않는 동안은 각막이 다시 되돌아온다. 밤에는 끼고 있지만 낮에 잠깐 동안은 렌즈를 안 끼고 있어도 교정된 시력으로 생활할 수 있다는 원리로 사용하는 것이다. 하루가 지나면 각막이 다시 올라오기 때문에 밤마다 끼고 있어야 한다. 압력으로 누르기 때문에 아이들은 아파한다. 이걸 몇 년 동안 끼고 있으면 각막이 수축돼 있지만 드림렌즈 착용을 끝내고 다시 안경을 낄 때는 어떤 변화가 올지 아무도 알 수 없다. 꾹 눌러놓았던 각막이 렌즈를 빼면 천천히 늘어날 수도 있고 급격히 늘어날 수도 있기 때문에 이후 상황에는 변수가 아주 많다.

안과에서 처방을 받아 관리하는 드림렌즈와 비슷한 방식으로, 안경원에서도 안경렌즈로 근시 진행을 늦춰주는 근시완화렌즈(Myopia control lenses)를 적절한 상황에 상담하여 근시안을 관리하고 있다. 드림렌즈 관리 후에 근시완화 안경렌즈로 이어서 관리를 진행하는 경우도 있고, 드림렌즈의 통증과 부작용으로 인해 처음부터 안경렌즈로 근시관리를 시작하는 경우도 있다. 이러한 다양한 변수에 대해서 설명을 하고 처방을 할 때에는 다시 한번 생각해볼 것을 권한다. 그런 불확실성을 알고 있는 이 분야 전문가 입장에서는 판매가 꺼려지기 때문이다. 나는 이걸 일반 판매와 양심 판매로 나누어서 설명한다. 일반 판매는 뭐가 됐든 무조건 팔면 좋다고 생각하는 것이고, 양심 판매는 꺼려지는 상황에서는 양심이 작동하여 매출을 올리지 않는 것이다.

전화를 했던 손님은 얼마 전에 드림렌즈로 근시 관리를 끝내고 새로운 일반 안경을 급하게 맞추길 원했던 고3 학생이었다. 나는 "오늘 시점으로 최대한 무리가 안 가도록 처방해라."라는 전제로 안경을 맞춰주라고 했다. 안경을 안 썼기 때문에 그런 경우에는 각막과 시력의 변동으로 인해 1.0까지 시력 교정을 해주지 못하고 0.7~0.8로 맞춰주게 된다. 그런데 드림렌즈 관리가 끝나서 그런지 각막에 변화가 온 것 같았다. 고객들은 대체로 제품의 전문적인 내용에 대해서 안내를 해줘도 크게 생각하지 않기 때문에 "두 달밖에 안 됐는데 왜 안 보이냐"고 화를 내는 상황이었다.

"드림렌즈를 중단하고 새롭게 안경을 맞추면 원래 그런 문제를 안고 있습니다. 어쩔 수 없습니다"라고 직원이 안내했지만, 고객의 주장은 이랬다. "그렇다면 왜 비싼 외국산 렌즈를 팔았죠? 가격이 좀 더 아래인 국산 렌즈를 팔았어야죠." 그날은 주말이어서 내가 직접 안경 조제를 주관하고 있었는데 속으로 잠깐 그런 생각을 했다. '이럴 때는 매출을 올리려고 하면 안 되는데, 왜 비싼 걸 팔았을까?' 경력사원이 판매를 할 때는 일일이 토를 다는 것도 좋지 않기 때문에 그냥 알아서 하도록 맡겨두었던 것이 생각났다.

결국 나는 안과에 가서 처방전을 받아오면 바꿔주는 것으로 결론을 내렸다. 그냥 무작정 바꿔 달라고 고객이 떼를 쓰는 상황이면 안 바꿔줬겠지만, "급한 상황이라 어쩔 수 없는 판매였다면 저렴한 국산 렌즈를 팔았어야지" 하는 주장이 합리적인 클레임이라 판단했기 때문이다.

몇만 원 차이의 매출이 탐나더라도 당장의 판매를 올리기 위해서 양심의 작동을 뒤로 미뤄두는 판매는 하면 안 된다. 이럴 때 불만을 가득 안은 손님이 다른 안경원에 가면, 당연히 그곳에서는 자신의 매장에 유리하게 이쪽 매장을 비판할 것이다.

얼마 전 새로운 방식의 근시완화 안경렌즈가 식약처 허가를 최초로 받아 출시된 제품이 있었다. 출시된 지 4~5개월 됐을 때 매장마다 이걸 많이 권하니까 우리 안경원에 온 손님이 이 신제품에 대해서 질문을 했다. 멀리서 찾아오곤 하는 아이 엄마였는데 일요일에 집 근처 안경원에 갔다가 "그곳 안경사가 좋다고 거품 물고 설명하더라고요. 그거 꼭 해야 되나요?"라며 내게 물었다.

참 어려운 질문이라 아이의 2년치 차트를 가져오라고 해서 살펴봤다. 이 아이는 짝눈이었는데, 좌우 눈의 시력이 차이가 나면 어지러울까 봐 보통은 1.0보다는 낮춰서 맞춰준다. 우선은 두 눈의 밸런스를 맞추는 좌우 완전교정을 하는 것이 급한 상태였다. 그 다음에 근시완화렌즈를 택하든지 말든지 할 문제였다. 안경은 근시 진행을 멈추지만, 눈에 문제가 없어도 평균적으로 보통 6개월에 2단계 정도 나빠진다고 본다. 만약에 이 아이가 6개월 후에 급격하게 근시가 진행되는 일이 있다면 그때 가서야 고려해볼 렌즈이기 때문에 나는 "아직 안 써도 될 것 같다"고 이야기했다.

직원들에게도 이렇게 이야기해두었다. "사람들이 신제품이 나오면 벌떼같이 달려들어 마구 권한다. 가격도 높고 마진도 좋으니까 무조건 좋다고 덤벼들 거다. 그런데 우리는 그렇게 하면 안 된다." 그 대신에 고객들에게 판단할 수 있는 정보를 전달해주고 추적관찰을 한 뒤에 진짜로 쓰기에 적합한 상황이라면 권하면 된다. 이 세상에 100% 완전한 건 없다. 새로 나온 건 그 사람에게 진짜 좋을지 나쁠지 아무도 모른다. 오늘 당장 매출을 올리자고 좋은 장점만 주구장창 설명하는 건 고려해볼 일이다. 아직 실제 임상 데이터가 없는 상태이기 때문에 만약에 문제가 생기면 신뢰에 금이 가고 장기적으로 좋지 않다.

오늘 신제품을 구매하지 않더라도 정보를 먼저 주면 나중에 정말 필요할 때 언젠가는 와서 구매할 것이다. 고객이 스스로 구매를 결정했다면 그 정보를 주면서 강매하지 않았던 매장으로 갈 것이다. 내 아들딸이나 조카라면 과연 무조건 팔기 위해 푸시를 했을지 생각해볼 일이다.

Think it over

양심 판매보다 일반 판매를 하는 장사꾼은 잘 먹고 잘 살 수 있을지 몰라도 딱 거기까지일 뿐이다. 큰 성공은 하지 못한다.

3분 요약 체크-〈Chapter.1〉 비전 불패의 법칙

◎ 내가 나를 고용하는 것이 '장사'다. 장사를 시작하려면 최소한 '10년은 꾸준히 해야지' 하는 마음가짐을 가지는 게 중요하다. 그냥 물건만 판다고 생각할 것이 아니라 '내가 이 일을 왜 하려고 하나?'라는 물음에 답할 수 있어야 한다.

◎ 흥정하는 장사에 통달하면 다른 건 쉽다. 업종에 따라서 쉬운 장사도 있고 어려운 장사도 있는데, 그중에서도 가장 어려운 장사는 상담(문진)하면서 흥정까지 이루어진 후에 물건을 제조(조제)해서 판매하는 형태다. 결국 장사는 사람의 마음을 만족시켜야만 성공할 수 있다.

◎ 사장 면허(자격증)가 필요하다면 무슨 시험을 볼까? 장사하는 사장은 무엇을 갖추어야 하고 어떤 걸 평가해야 할까? 내가 '이 사람은 됐다'라고 생각하는 사장이 갖춰야 할 '끼'의 기준은 첫째, 서비스 마인드가 있고 둘째, 기술이 있는 사람이다. 이 두 가지를 갖추고 있으면 장사에 성공할 수 있다.

◎ 팔지 않으면서 파는 사람이 있다. 가장 잘하는 장사는 팔지 않는 것처럼 판매하는 것이다. 장사를 잘 못 하는 사람은 자꾸 설득하려고 한다. 그런데 장사의 고수가 되면 한 수 물러설 줄 안다. 사장은 신뢰를 파는 사람이다. 신뢰를 얻어야 나중에 더 많은 매출을 올릴 수 있다.

◎ 사장이 매력 있어야 장사가 잘된다. 장사는 매장의 경쟁력과 함께 사장의 경쟁력도 있어야 한다. 매장의 경쟁력이 있으면 오래 갈 것이라고 생각하는 건 착각이다. 매장의 경쟁력은 언제든지 뒤집힐 수 있다.

매장 경쟁력을 갖추되 사장의 기술이나 서비스, 친절이 좋아서 가는 곳이어야 한다. 가장 좋은 건 사장이 현장에 상주하면서 한 개의 매장에 집중하는 것이다.

◎ 장사의 성공에도 철학이 필요하다. 장사하는 사장은 고객 만족으로 무장이 돼 있어야 하고, 기술과 실력을 갖춰야 한다. 장사를 잘하는 사람은 '고객에게 어떤 가치를 줄 것인가'를 생각하며, 매장을 운영할 때 사장으로서 꼭 지켜야 할 기준이 명확히 서 있다. 성공하는 장사를 오래 하고 싶다면 장사에도 철학이 필요하다.

◎ 초심을 유지하는 사람은 버전 업 과정이 있다. 장사하는 사장으로서 자질을 갖추고 성공 가도를 달리던 사람이 의외로 초심을 빨리 잃는 경우가 많다. 장사를 계속해서 잘하는 사람이 드문 이유는 상황에 맞게 철학을 업그레이드해서 유지하는 사람이 드물기 때문이다. 장사에 필요한 기술도 단계별로 버전을 높여가야 하며, 그에 맞춰서 철학도 단계별로 달라져야 한다.

◎ 나에게 맞는 업종을 선택해야 오래 간다. 많은 사람이 자신에게 맞는 업종을 잘 찾지 못하는 모습을 볼 수 있다. 그래서 장사를 하든 다른 무엇을 하든 어릴 적부터 '나'를 탐구하는 게 참 중요하다. 자신이 잘 할 수 있는 걸 찾고 그걸 끝까지 끌고 가는 게 중요하다. 다만 업종을 선택할 때 유행을 따라가는 건 추천하지 않는다.

◎ 떳떳하게 팔고 당당하게 벌어라. 일반 판매는 뭐가 됐든 무조건 팔면 좋다고 생각하는 것이고, 양심 판매는 꺼려지는 상황에서는 양심이 작동하여 매출을 올리지 않는 것이다. 몇만 원 차이의 매출이 탐나더라도 지금의 판매를 올리기 위해서 양심의 작동을 뒤로 미뤄 두는 판매는 하면 안 된다. 오늘 당장 매출을 올리자고 장점만 주구장창 설명하는 건 고려해 볼 일이다.

내가 심은 나무는
내 생각만큼 자란다

Chapter. 2

기술력 생존의 법칙

- 사장은 독보적인 기술을 갖춰야 한다
- 적어도 3년은 최고의 고수에게 배워라
- 비법을 전수받는 비법은 간절함
- 먹고살 만해지면 기술은 바뀌어야 한다
- 기술 연마를 위해 나는 이렇게까지 했다
- 자기를 잘 아는 사람이 장사를 잘 한다
- 사장이 친절하면 핸디캡이 커버된다
- 꼴을 타고나면 기술은 평균이면 족하다

사장은 독보적인 기술을 갖춰야 한다

직장인이 초보 사원일 때는 자기 자신밖에 볼 줄 모른다. 내가 잘하고 있는지 내 것만 바라본다. 그런데 직책이 올라갈수록 내 것만 신경쓰면 안 된다. 주위의 것들을 다 볼 수 있어야 하는데, 이것은 장사하는 사장에게 필요한 자질이기도 하다. 타고나길 장사의 '끼'를 갖고 있다면 모를까 이것은 하루아침에 갖출 수 있는 것은 아니다. 많은 사람을 경험해본 사람이라면 장사의 기본기가 있을 수도 있는데, 이것은 책에서는 배울 수가 없다. 장사에는 경우의 수가 워낙 많기 때문에 가장 빠르고 확실한 방법은 장사의 고수에게 찾아가 직접 보고 배우는 것이다.

장사를 하겠다고 결심하고 아이템을 결정했다면 그 분야 최고의 고수를 찾아내서 최소 3년은 배워야 한다. 이건 무조건 해야 하는 일이다. 최고의 기술을 연마하겠다고 혼자 스스로 습득하려는 노력은 그다지 권하고 싶지 않다.

20대에 장사를 시작했던 나는 오랫동안 공을 들여 지식과 기술과 지혜를 찾아다니면서 배웠다. 그 결과 2021년 현재 연 매출 100억 원의 프랜차이즈 법인과 연 매출 24억 원의 안경원을 운영하는 지금의 자리까지 오게 되었다. 생각해보면 고수를 찾아가서 배움을 청하는 그 과정이 없었다면 지금의 나는 없었을 것이고, 이렇게 내 이야기를 글로 전달할 수도 없었을 것이다.

성공의 기술을 습득하려고 혼자 고군분투할 필요는 없다. 혼자 맨땅에 헤딩하는 방식으로는 너무 오래 걸리고 어려워서 쉽게 포기할 수 있다. 주위에서 성공한 사람들을 찾아보거나, 찾을 수 없다면 업계 최고의 사람을 수소문해서 찾아가야 한다. '사사(師事)하다'라는 말이 있다. 여기서 한자 '事'는 '섬기다'란 뜻인데, 스승으로 섬기고 가르침을 받는다는 의미로 주로 예체능 분야에서 들을 수 있는 말이다.

씨름은 1980년대 국민 스포츠였다. 인기 있는 스포츠에 당연히 존재하는 것이 슈퍼스타이다. 씨름이란 종목에서 톱은 천하장사로 등극하는데, '천하장사'하면 사람들이 떠올리는 두 사람이 있다. 나이가 조금 젊은 사람은 강호동을 떠올릴 것이고, 나이가 조금 있는 사람은 이만기를 떠올릴 것이다. 1983년 초대 천하장사 대회부터 1989년까지 가장 많은 천하장사 타이틀을 따낸 사람은 이만기였는데, 1989~1990년 이만기와 강호동의 빅매치는 유명하다. 당시 만 19세였던 강호동은 내내 괴성을 지르며 도발했고 두 사람의 기싸움은 지금도 방송가에서 콘텐츠로 써먹을 정도로 유명했다.

최고의 자리에 등극했던 이 두 사람 역시 '사사'라는 방식으로 훈련했다. 두 사람은 마산상고 선후배로 당대 씨름의 명사(名士)였던 김학용 감독의 집에서 같이 하숙하며 동문수학했음을 밝힌 적이 있다. 스승의 집에서 먹고 자고 함께하며 스승의 모든 것을 배우는 것, 그것이 사사하는 것이다. 스승이 가진 기술뿐 아니라 생활습관, 생각하는 방식까지 그대로 따라하면서 배우는 과정이다. 그것은 단순히 기술적인 것뿐 아니라 삶의 지혜, 태도 등이 성공에 지대한 영향을 미친다는 것을 방증하는 것이기도 하다.

장사에서도 원리는 마찬가지다. **노하우 습득을 위해서는 기술과 지식뿐 아니라 장사의 지혜도 함께 익혀야 한다.** 그래서 장사를 준비하기 위한 첫 번째로 고수를 찾아 3년은 그 밑에서 배우라는 말을 하는 것이다. 나는 20대 후반에 이 원리를 알게 된 이후로 배워야 할 것이 있으면 그 분야 고수부터 찾았다. 이 기술 습득의 원칙을 무시하고 다른 사람의 능력이나 자금의 힘으로 손쉽게 성공할 수 있는 길을 찾는다면 머지않아 그 사람이 걷는 길에는 실패라는 단어로 가득차 있을 것이다.

초보가 스승에게 배우지 못하면 그건 현장에서 시행착오를 겪어야 한다는 걸 의미한다. 창업하는 데 3억 원이 들었다고 치면, 그 3억 원을 고스란히 수업료로 내는 것이 된다. 3억 원을 은행에 넣어놓고 매달 꺼내서 쓰면 오히려 편하게 살 수 있다. 그런데 초보가 무턱대고 일을 벌이면 생고생하면서 3억 원은 자기를 위해서 쓰지 못하고 월세, 재료비, 부가세 등으로 내주고 끝나게 된다. '나만은 성공할 거야'라고 꿈꾸지만, 그런 환상이 현실로 될 확률은 1%도 안 된다.

장사의 노하우를 체득하는 일은 혼자 하면 어렵고 오래 걸리는 일이다. 그러다 보면 쉽게 포기할 수 있는데, 성공한 사람을 찾아가 그들의 뒤를 쫓아가면 포기하지 않아도 된다. 장사에 성공한 사람의 기술, 노하우, 자기관리, 임기응변 능력 등 장사에 필요한 '끼'를 가장 빨리 축적할 수 있는 방법은 가까이서 보고 배우는 것이다. 장사를 해봤던 경험이 있고 3년이나 지체할 시간이 없다는 사람이라고 해도, 최소한 1년은 배워야 한다. 이게 어느 정도 중요한가 하면, 스승이 되어줄 고수를 찾지 못하면 성공할 수 없다고 봐도 무방하다. 장사 초보인 사람이 밑빠진 독에 물 붓듯이 실패만 거듭하고 있을 수는 없다. 월급을 안 받더라도 무조건 고수의 곁에서 일단 보고 배워야 한다.

장사를 결심하고 프랜차이즈를 알아보는 사람도 있을 것이다. 그러나 프랜차이즈는 매뉴얼만 만들어놨을 뿐 장사의 깊이를 가르쳐주지는 못한다. 게다가 롯데리아, 파리바게뜨 등 어느 정도 매출을 보장받을 수 있는 브랜드는 자금이 많이 든다. 2022년 기준 5억~7억 원 정도는 있어야 한다. 돈은 좀 있는데 놀기는 좀 뭐하다 싶은 사람들이 많이 한다. 돈은 없지만 열심히 노력해서 삶의 터전을 만들겠다며 장사를 결심한 사람들이 하기에는 어렵다. 이 책에서는 자금의 힘으로 하는 장사 영역은 다루지 않을 것이다.

돈이 많지 않으니까 매장 운영, 직원 훈련 등 중요한 일들은 다 직접 하겠다는 사람에게 해당하는 것이 고수를 찾는 방법이다. 어떻게 하면 이런 사람들이 돈을 벌 수 있을까? 실전에 들어가서는 어떻게 하면 될까? 스승에게 배운 대로 하면 된다.

Think it over

진짜 중요한 기술은 현장에서 배워야 한다.

적어도 3년은 최고의 고수에게 배워라

장사는 어려운 것이지만 또 의외로 쉽다. 특정 업종의 고수만 찾아도 50%는 떼어놓은 당상이다. 스승이 필요한 건 공부나 장사나 똑같다. 혼자서 공부하면 오래 걸리지만, 유능한 강사를 만나면 시간이 단축된다. 장사도 똑같아서, 유능한 고수를 찾아서 배우고 검증을 받아야 한다.

냉면집을 차리고 싶으면 잘되는 냉면집에 가서 6개월 동안 무보수로 알바를 하든지 1천만 원을 대가로 지불하든지 해서 육수 뽑는 걸 배우는 노력을 해야 한다. 이때 중요한 것은 고수의 밑에서 직접 그 일을 하면서 배워야 한다는 것이다. 그 이유는 고수가 기술만으로 성공한 게 아닐 것이기 때문이다. 기술뿐 아니라 가치관, 습관, 루틴 등을 모두 배워야 한다. 그 사람이 평소 하는 말과 행동까지 모든 것을 내 것으로 만들어야 한다. 아이들이 말을 배울 때 일단 똑같이 따라하는 것처럼, 그 사람의 지혜와 경험을 철두철미하게 베껴야 한다. 그러다가 익숙해지고 나면 자신에게 맞도록 자기화하는 과정을 거치면 된다.

만약 직장인인데 장사를 해보겠다 결심했다면, 주말만이라도 알바를 하면서 고수의 루틴을 습득하며 견디는 힘을 배워야 한다. 이것은 필요조건이다. 상황에 대처하고 견디는 것, 그런 힘이 있어야 나만의 노하우를 체득할 수 있고 변화에 대응하는 법을 알아낼 수 있다.

고수에게 배우는 동안 처음 1년은 기술을 배우는 데 집중한다. 2년차는 연습하는 데 집중하고, 3년차는 자기 기술을 완성하면서 그 사장에게 돈을 벌어다주는 기간으로 삼아야 한다. 은혜를 받았으면 갚아야 하는 게 인지상정이다. 씨앗처럼 심고 자라고 거둔다는 3년 사이클을 지나면 프로가 될 수 있다. 초보일 때 그렇게 하고 나면 그 다음부터는 기술을 업그레이드시키기 위해 다른 고수를 찾아가도 3년씩 투자하지 않아도 된다.

내 사업을 시작할 때는 내가 배웠던 고수에게 검증을 받아야 한다. 만약 인정을 받았다면 성공 확률은 100%다. 이때는 고수가 나에 대한 평가를 건성건성 말하는지, 제대로 이야기하는지 잘 파악할 수 있어야 한다. 고수가 진심어린 충고를 해줄 수 있는 사람이고 3년간 인간적인 유대와 신뢰가 쌓였다면, 그는 나에 대해 진짜를 이야기해주고 싶을 것이다. 그 사람이 마음의 문을 열게 하는 것도 나의 실력이다. 한 업종에서 넘버원인 사람이라면 분명히 사람을 볼 줄 알 것이다. 내가 그 사람을 진심으로 대하는지, 그동안 최선을 다해 일해왔는지 분명히 알 것이다.

고수에게 인정받고 싶다면 다른 직원이 귀찮아하고 하기 싫어하는 걸 기꺼이 하면 된다. 그러면 사장 눈에는 그게 보일 수밖에 없다. 남들과 똑같다면 아무리 열심히 해도 사장 눈에는 안 보이겠지만, 궂은 일을 도맡아 한다면 당연히 눈에 띌 것이다.

3년간 수학하고 스승에게 검증을 받으려고 질문을 했는데 "넌 아직 멀었다"라는 말을 들었다면 스스로 판단해야 한다. 불가에서는 도(道)를 깨우칠 때 전국에서 가장 명망 높은 큰스님을 찾아간다고 한다. 깨달은 게 맞는지 선문답을 했다가 호되게 당하고 온 사람은 다시 공부하고 또 도전한다. 나중에는 그걸 즐기게 되고 한 사람한테 인정을 받으면 다른 큰스님을 또 찾아간다. 그렇게 몇 분을 거치면 그 다음부터는 안 다녀도 된다.

사실 1인자에게 3년의 시간을 보냈는데도 만족을 못 시켰다면 장사를 하지 말아야 하지 않을까 싶다. 기술을 배우는 것도 중요하지만 진짜 목표는 그 사람에게 인정을 받는 것이다. 어떻게 해야 그 사람에게 원하는 대답을 들을지 컨트롤하는 것까지 배우는 것이다. '저 정도면' 하고 감탄을 만들어야 한다.

물론 장사로 성공한 사람들의 책을 보면서 배울 수도 있다.

책을 보면 공통적으로 겹치는 것이 있고 그것들을 따라해도 된다. 그러나 거기에는 이론적인 것과 엑기스만 있다. 실제 현장에서 벌어지는 변수는 너무나 많기 때문에 거기에 대응하는 힘을 기를 수는 없다. 중요한 건 내가 앞으로 만들어 갈 내공의 힘과 깊이다. 그런 건 책으로는 체득할 수가 없다. 레시피 책을 보고 요리를 흉내낼 수는 있으나 깊이 있는 맛을 낼 수 없는 것과 같다. 결국엔 고수에게 직접 전수받는 수밖에 없다. 게다가 책만 보고 따라했다가 트렌드가 바뀐 걸 모르고 있으면 장사를 쫄딱 말아먹을 수가 있다.

Think it over

예상치 못한 상황의 대응법을 체득하는 것, 그것이 고수를 찾아가야 하는 이유다.

비법을 전수받는 비법은 간절함

'물어봐도 안 가르쳐줄 것 같은데'라는 생각에 배움을 청하는 걸 어려워하는 사람이 있을 것이다. '너도나도 물어봐서 귀찮아하는 거 아냐?'라고 생각할 수도 있을 텐데, 생각보다 배움을 청하거나 물어보는 사람은 많지 않다. 그리고 물어봐주는 걸 좋아하는 고수도 의외로 많다. 일단 용기를 내보기 바란다. 배우는 것보다는 일단 누가 고수인지 찾는 것이 더 어려울지도 모른다. 고수를 찾을 때는 기술과 지혜를 모두 갖춘 사람인지 확인해야 한다. 지혜롭지 못하면 롱런할 수가 없다. 지식과 기술도 물론 배워야 하지만, 지혜는 이것과는 다르다.

편의점만 해도 잘 되는 데가 있고 안 되는 데가 있다. 사장이 어떻게 하느냐에 따라 매출이 달라질 수 있다. 그저 물건만 파는 가게라면 그런 곳은 잘 안 가게 된다. 사람을 대하는 태도, 말 한 마디에 따라 사람들이 움직인다. 잘되는 가게엔 사장의 어떤 노하우가 있다. 마지막 순간에 사장의 손을 거쳐 서비스하도록 장치를 마련해놓는다든지, 가게 문을 나서는 손님에게 해주는 말 한 마디가 있다. 말문을 열게 하고 손님에게 친근감을 주는 언행으로 기억에 남게 만든다. 손님의 마음을 움직이는 방법을 개발하려면 고수한테 그걸 배워야 한다.

확실히 저 사람이 고수라는 확신이 들었지만, 막상 그분이 쉽게 노하우를 알려주지 않으려고 할지도 모른다. 그분 입장에서는 모르는 사람이 찾아와 배움을 청했을 때, 조금 하다 견디지 못하고 포기할 사람인지 끝까지 해낼 수 있는 사람인지 확신을 가지고 싶을 것이다. 가르쳐 달라고 한다 해서 아무나 다 퍼주다가는 본인 장사에 지장을 받을 수도 있기 때문이다.

그래도 지속적으로 문을 두드리고 매달려야 한다. 처음부터 잘하는 사람은 이 세상에 아무도 없다. 그러니 두려워 말고 부끄러워 말고 고수를 찾아서 배움을 청하기 바란다. 그래야 성공 확률을 획기적으로 높이고 실패 확률을 확연히 줄일 수 있다. 기술과 지혜와 경험이 있는 자만이 끝까지 생존할 수 있고 인정받을 수 있다.

옛날에 어떤 항아리 장수가 있었다. 어느 지역에 항아리 거리가 있었는데, 그가 생각하기에 그 항아리 거리에서 장사하기 가장 좋은 자리는 역시 입구 쪽이었다. 그런데 한 가게에만 유난히 사람들이 바글바글 손님이 끊이지 않았는데, 그 가게는 메인에 위치한 집이 아니었고 제일 뒤쪽에 있는 그다지 좋지 않은 위치에 있었다. 그 광경을 지켜보던 항아리 장수는 마지막 항아리집의 주인에게 물었다. “이 집은 어째서 자리도 좋지 않은데 장사가 잘 되는 거죠?” 그 주인은 웃기만 할 뿐 가르쳐주지 않았다.

항아리 장수는 계속 찾아가서 가르침을 청했고 몇 달에 걸쳐 그 일이 반복되었다. 하루는 그 마지막 가게 주인이 주막에서 막걸리 한 잔 사라면서 “당신이 간절히 원하니 그 정성이 대단해서 가르쳐주겠다”라며 말을 이어갔다. 그가 장사의 비결이라며 말해준 것은 이러했다.

항아리 장사의 특성상 항아리 거리에 오는 대부분의 고객은 여성이다. 그리고 그 여성들이 가장 많이 구입하고 가장 자주 구입하는 물건은 밥그릇과 국그릇이다. 왜냐하면 가장 많이 사용하는 만큼 가장 쉽게 깨뜨리는 것이 밥그릇과 국그릇이기 때문이다. 그런 이유로 여성 고객들은 밥그릇과 국그릇 가격이라면 잘 알고 있다. 그 가게 주인은 여성 고객들이 가지고 있는 그런 지식정보를 고려해 두 품목의 가격만 거의 원가에 가깝게 불렀다.

입구에 있는 가게부터 차례로 방문해본 고객들은 다른 가게에서는 마진이 충분히 붙은 가격을 접하다가 이 마지막 가게에서 싼 가격에 깜짝 놀라게 된다. 그러면 고객들은 무조건 이 마지막 가게에서 그릇을 사기로 결정한다. 그러면 밥그릇이나 국그릇을 싸게 산 고객들은 돈을 아꼈다는 생각에 다른 항아리들을 구경하다가 그것도 사는 경우가 많다. 다른 품목들은 몇 년에 한 번 어쩌다 사는 경우가 대부분이라서 고객들은 대체로 그것들의 가격은 잘 모른다. 이미 밥그릇, 국그릇이 싸다는 걸 인지한 고객들은 다른 항아리도 당연히 쌀 것이라 생각하고 구입한다.

결국 마지막 가게 주인은 싸게 판다는 이미지도 얻고 이문도 남길 수 있는 지혜로운 장사를 하고 있었던 것이다. 다른 항아리 장수들은 모든 품목에 일정한 이문을 붙여서 팔고 있었던 것과 대비된다. 이것이 초보 사장이 고수들에게 배워야 할 눈에 보이지 않는 가치들이다.

항아리 장수의 경우처럼 고수를 찾아갔다고 해서 누구나 쉽게 비법을 가르쳐주지는 않을 것이다. 그런데 아무나 요청만 하면 쉽게 가르쳐준다고 해서 그걸 모두가 흡수하는 것도 아니다. 고수들은 이런 말을 알고 있다. “알기까지는 어려워도 알고 나면 아무것도 아니다.”

초보가 쉽게 비법을 들으면 그게 비법처럼 들리지 않을 가능성이 크다. 고수들은 그 비법을 단박에 알아보고 소중함을 알아차리지만, 초보의 눈에는 그게 보이지 않는다. 비법을 알기까지의 과정은 어렵지만 알고 나면 생각했던 것보다 어려운 것이 아닙니다. 그래서 비법을 쉽게 알려주면 그것을 비법으로 인지했다

하더라도 그 소중함이 열어져서 실행 단계에는 대충하기 십상이다. 알려준 보람이 없는 것이다. 그래서 고수들은 어렵게 획득한 비법을 아무에게나 쉽게 알려주지 않는다.

쉽게 가르쳐주기 싫은 고수의 마음을 열기 위해서는 지속적으로 문을 두드리고 매달려야 한다. 성공 확률을 높이고 실패 확률을 줄이기 위해서는 두려워하고 부끄러워할 여력 따위는 없다. 처음부터 잘하는 사람은 이 세상에 아무도 없다. 기술과 지혜를 습득한 자만이 지속적으로 생존할 수 있고 고객들로부터 인정받을 수 있다. 눈에 보이는 기술 또한 성공에 필요하지만, 그건 시작에 필요한 요소일 뿐이다. 오랫동안 장사를 하고 싶으면 지혜를 배워야 한다. 기술과 지혜를 모두 갖추면 성공은 이미 이루어진 것이나 다름없다.

Think it over

'내가 믿을 만한 사람'이라는 것을 끝없이 증명하라.

먹고살 만해지면 기술은 바뀌어야 한다

똑똑한 사람이라면 공부는 빠르게 독학할 수 있다. 그러나 경험을 배우려면 혼자서는 너무 오래 걸린다. 현장에서 혼자 부딪히고 실패하면서 배울 수도 있겠지만 그러기엔 비용이 너무 크다. 장사의 고수를 찾아 출근시간 루틴부터 업을 대하는 마인드, 고객에 대한 응대 등을 3년간 지켜보면 자기도 모르게 그것들이 체화된다. '서당개 3년이면 풍월을 읊는다'는 말은 맞다. 하나하나 굳이 안 배워도 자기도 모르게 고수의 말투까지 따라하게 된다. 그때 내 장사를 시작해도 늦지 않다.

사람들은 빨리 돈을 벌고 싶어서 '기술'만 배우려는 경향이 있다. 그것만 있다면 장사를 시작하자마자 대박이 날 것 같지만 막상 해보면 그렇지도 않다. 물론 기술이 월등히 아주 뛰어나면 그것만으로도 장사는 될 수 있다. 그렇지만 **보이지 않는 룰을 고수에게 배우고 습관으로 만들어야 성공 확률이 비약적으로 높아진다.** 음식 장사에서의 레시피처럼 실력을 배우는 것도 중요하지만, 결국은 임기응변, 손님에 대한 태도, 마인드까지 배워야 한다. 기술적인 부분뿐 아니라 장사하면서 수많은 경험으로 생긴 대처능력을 배우는 것이다. 장사에서 스승이 필요한 이유가 여기에 있다.

스승이 30년 걸려서 장사의 지혜를 배웠다면 제자는 세월을 추월해 그걸 2, 3년 만에 배울 수도 있다. 고수한테 배우는 것은 시간을 단축시켜 눈에 보이지 않는 노하우를 배우기 위한 것이다. 그렇다고 고수에게 노하우를 뽑아내기 위해 여러 사람을 쫓아다닐 필요는 없다. 한 사람에게만 배워도 적용을 잘 하면 장사는 성공할 수 있다. 어느 정도 경지에 오른 뒤에 부족한 부분을 채워줄 또 다른 고수를 찾으면 된다.

세상 어떤 일이든 단계가 있기 마련인데, 젊은 사장 중에는 배워서 적용하는 것은 뒤로 한 채 그냥 배우는 것 자체에 목적을 두고 다니는 사람이 있다. 욕심만 많은 것인데, 너무 많은 정보가 들어와도 자기 기준이 없어진다. 아무것도 적용해보지 않은 채 많은 사람을 두루두루 찾아다니는 것은 위험할 수 있다. 초보가 현장에 적용해보지도 않고 많은 고수를 찾아다니면 얄팍해진다. 정리가 안 되고 체화시키지 못한다. 중장기적으로 어떻게 관리하는지 고수에게 배우면서 자기 몸 안에 스며들 시간을 가져야 한다. 기술도 철학도 서비스도 내 몸에서 자연스럽게 나올 시간이 필요하다. 시행착오를 줄이면서 현장 실력을 갖춰야 한다.

장사를 시작하기 전에 익혀야 할 기술에는 1차원적인 것도 있지만 고차원적인 것이 있다. 자동차 정비라고 치면 학원에서 그걸 배웠다고 해도 바로 자동차를 잘 고치기는 힘들다. 이론적인 것이 아닌, 하다 보면 현장에서 필요한 기술이 있다. 임상에서 필요한 고차원적인 기술을 습득해야 하는 것이다. 요리로 치면 고기가 들어가는 메뉴를 팔고 있는데 채식주의자가 왔을 때, 갑자기 특정 재료가 떨어졌을 때 등 돌발상황에서도 '맛있다'를 유지하면서 경우의 수를 대비한 노하우를 갖추고 있어야 한다.

군인은 사관학교만 졸업하면 끝이 아니라 전투 경험이 있어야 한다. 의사는 의대만 졸업하면 끝이 아니라 인턴, 레지던트 경험이 있어야 한다. 장사를 해서 성공한 사람들이 적은 이유는 장사에도 이 과정에 필요하다는 걸 잘 모르기 때문이다. '그냥 물건 팔면 되지, 뭐'라고 생각한다면 시장 길바닥에서 노점을 벌이는 할머니보다 나을 것이 없다.

고수에게 배우고 인정받은 후에 나만의 매장을 오픈했다면 한동안은 현장에서 체득했던 실력을 실제로 검증하는 시간을 보낼 것이다. 3년이면 만족할 만한 성과도 얻을 것이다. 그런데 길게 보면 장사는 여기서 끝이 아니다. 고객은 변심을 잘하기 때문에 장사에서 롱런하려면 기술도 업그레이드하는 과정이 필요하다. 먹고살 만해졌다면 내가 갖추고 있는 모든 것의 질을 높여야 한다. 3년만 돈 벌고 싶다면 이 대목에서 귀를 닫아도 되지만, 계속 돈을 벌고 싶은 사장이라면 이제부터가 중요하다.

삼성이 이미 최고여도 반도체 기술 개발을 계속하는 걸 보면 알 것이다. 기술 개발에는 끝이 없고, 이것은 장사에서도 마찬가지다. 장사에 필요한 기술은 감각적인 것이어서 연구도 하고 노력도 해야 한다. 그래서 사장이 현장에 있지 않고 자꾸 밖으로 놀러다니면 장사가 오래 가지 못한다. 아무리 내가 요리를 잘해도 자꾸 안 하면 감각이 녹슨다. 사장은 감각을 놓치지 않으려면 현장을 떠나면 안 된다.

먹고살려고 장사를 시작했다가 어느 정도 여유가 생겼다면 나의 부족함을 채워줄 또 다른 고수를 찾아갈 수 있다. 포인트는 진짜 고수를 알아보는 안목이다. 내가 장사의 질을 최고로 지향하고 있다면 알아볼 수 있다. 그에게서 진짜 기술을 배우고 진짜 경험을 하고 진짜 철학을 만들어야 한다. 나의 경우 이때부터는 책을 봤고, 다른 업종에서 일하는 사람도 최고라고 회자되면 가서 그 실체를 확인하러 다녔다.

고기리막국수라는 곳은 화요일마다 쉬는데 그날 사장님은 집에서 쉬는 게 아니라 전국 최고의 막국수 집들을 찾아다닌다고 한다. 국내든 해외든 가리지 않고 최고라면 찾아가는데 그렇게 얻은 정보들은 레시피를 보완하거나 신메뉴를 만드는 데 적용한다고 한다. 365일 매일 같은 걸 접하면 질릴 법도 하건만 쉬는 날에도 막국수를 먹으러 다닌다는 것이 남들과 다른 점이다. 고객이 봤을 때 그 사장님은 막국수를 사랑하는 것으로 보일 것이다.

Think it over

사장이 현장감을 놓치면 고객은 떠나간다.

기술 연마를 위해 나는 이렇게까지 했다

요즘 사람들은 정보를 접할 기회가 많아서 지식은 많이 알고 있지만, 경험이나 노하우가 장착된 지혜로운 기술 습득이 부족하다. 지혜는 경험을 많이 한 선배나 스승에게 배우는 것이 가장 현명하다. 나 혼자 지혜를 터득할 수도 있겠지만 그러기엔 너무 많은 시간과 에너지가 필요하다. 바쁜 세상에 아까운 시간 낭비가 싫다면, 단기간에 기술을 최고로 만드는 가장 좋은 방법은 역시 최고의 스승을 찾는 것이다.

나는 30년 장사를 하면서 실력은 곧 경쟁력이라고 생각하며 남들이 가지고 있지 않은 기술을 연마하기 위해 애쓰곤 했는데, 이제껏 내가 순탄한 성장을 해온 것도 그 덕분이었다고 생각한다. 백화점, 편의점처럼 공산품을 보관해두고 파는 스토어(store)

형태의 매장일 때는 친절하기만 해도 장사로 먹고살 수 있다. 그러나 커피숍, 헤어숍처럼 사람의 노동력이 더해져서 최종 제품이나 서비스가 만들어지는 숍(shop) 형태의 매장일 때는 실력이 어느 정도 뒷받침되고 친절이 더해져야 한다.

장사는 대체로 돈 없는 사람들이 하기 때문에 오프라인 매장의 사장은 스스로 해당 업종의 기술을 갖추고 있어야 한다. 최고까지는 아니더라도 자신감 있게 전문성을 내세울 수 있을 정도의 기술력을 가진 상태여야 한다. 타인이 대신 해줄 수 있을 것이라고 철석같이 믿고 있으면 안 된다. 나에게 기술이 없는데 자신있다고 큰소리 치는 것은 가짜 자신감이다.

나는 20대 초반에 장사를 처음 시작해서 사업체를 키워왔다. 그 시대에는 장사의 고수를 찾기가 어려워서 독학을 할 수밖에 없었는데, 그래도 나름대로 각 분야 고수를 찾아다니면서 노하우를 쌓았다. 그 어려움을 알기 때문에 장사 초보의 마음을 나 또한 잘 알고 있다. 고수를 찾는 건 어려웠지만 그래도 장사에 성공하는 가장 빠른 지름길은 관찰하고 모방하는 것이다.

흔히 모방은 창조의 어머니라고 한다. 모방을 위해서는 관찰을 잘 해야 하는데, 사람들은 그 관찰의 개념을 잘 모르는 것 같다. 관찰의 의미를 풀어내면 영어로는 'watch'와 'see'가 있고, 한자로는 '볼 견(見)'과 '볼 관(觀)'이 있다. '볼 견'은 그냥 보는 것, 멍때리고 있어도 시야에 들어오면 볼 수 있는 것이고, '볼 관'은 봉황이 저 높은 곳에서 내려다보는 모양새다. '관찰'은 위에서 조망하듯이 세밀하게 보는 것이다. 둘 다 본다는 개념이지만 위에서 내려다봐야 전체 상황을 다 볼 수 있다.

그런데 대부분의 사람들이 보는 것은 '볼 견'에 해당한다. 고수를 찾아서 만났다 해도 관찰을 할 줄 알아야 한다. 그의 일거수일투족과 사상까지도 베껴올 수 있어야 한다. 그 모든 것을 토대로 해야 모방 속의 창조가 나올 수 있다. 다시 말해 장사의 비법을 찾는 가장 빠른 길은 고수를 찾아가 세밀하게 꼼꼼히 보면서 관찰을 잘하는 것이다. 요즘 말로 하면 벤치마킹이다.

대구에서 안경원을 운영할 때부터 나는 "어디가 제일 잘돼?"라고 질문하곤 했다. 안경렌즈나 안경테를 안경원에 공급하기 위해 전국을 돌아다니는 외무 영업사원을 만나면 하는 질문이었다. 잘하는 곳을 발견하면 소개를 부탁하고 꼭 가서 확인하곤 했다. 고객 만족을 위해 발전하고 성장하는 건 내게 항상 화두였는데, 그 목적으로 고수를 찾아다녔던 몇 가지 사례를 말해보려 한다.

첫째, 김천에서 안경원을 하는 사람을 찾아갔다. 소문에 그는 독일 유학을 다녀와서 특별한 검사법으로 장사를 한다고 했다. 아버지에게 안경원을 물려받았고 부잣집 아들이라고 했다. 그 사람에게 배움을 청했는데, 가르쳐준다고 해서 직접 찾아가서 원리와 방법을 배웠다. '아! 이런 검사법도 있구나' 하고 깨우쳤고 신기해했던 기억이 난다.

둘째, 서울에서 정말 잘 되고 있다는 안경원 이야기를 들었다. 외무 영업사원에게 부탁해 직접 구경할 수 있는 기회를 겨우 얻었는데, 직접 보니까 정신이 번쩍 들었다. '이런 시스템으로 운영되는 가게도 있구나!' 감탄했다. 완전히 새로운 세상을 구경하는 것 같았는데, 그곳 사장님께 대략 2시간 정도 여러 가지 정보와 지식을 배웠다. 대구로 내려와서 그대로 따라했다. 나도 처음으로 그 기계 시스템을 구비했는데, 당시에 대구에서는 최초였다.

셋째, 스물여덟이 되던 해에 나에게도 건강상의 문제가 생겼다. 갑자기 혈압이 150을 넘어 160까지 올라갔다. 대학병원에 가서 진찰해봐도 원인을 잘 모르겠다며 한번 지켜보자고 할 뿐이었다. 입원해서 24시간 추적관찰을 했는데, 그래도 혈압이 일정하지 않았다. 집에 와서 안정을 취하면 정상으로 내려가기도 했는데, 그렇다고 장사하는 사람이 일을 안 하고 집에만 붙어 있을 수는 없었다. 이때 우연히 어떤 무당을 만나고 난 후 몸의 피곤함이 사라지는 경험을 했다.

심리적인 것이었는지 아직도 모르겠는데, '이게 뭘까' 고민을 했다. 내가 모르는 뭔가가 있을 거라는 생각은 들었지만 계속 무당을 찾아다닐 수는 없다고 생각해서, 스님이 하는 유명한 철학관에서 사주와 명리학을 배웠다. 1년 반 정도 개인교습으로 배우면서 동양철학, 자연의 이치, 인간의 도리 등 여러 가지 세상의 이치와 원리를 배웠다. 그때 배운 것은 이후 장사하면서 자기 관리에 많은 도움이 됐다고 생각한다.

넷째, 홍채학의 고수를 찾아서 배웠던 적이 있다. 매일 고객의 눈을 보니까 검사할 때마다 사람의 홍채가 보인다. 홍채의 모양, 크기, 색깔은 사람마다 가지각색이다. 궁금해서 또 이 분야 고수를 찾아봤다. 대한민국에서 가장 유명한 홍채 박사를 찾았는데, 그는 대체의학자였다. 1년 동안 심야 우등버스를 타고 일주일에 한 번씩 직접 가서 홍채학을 배웠다.

이때부터 나는 대체의학에 관심을 가지게 되었다. 지금까지 내가 일하면서 건강을 유지할 수 있는 것은 대체의학을 연구하는 많은 사람들의 도움이 있었기 때문이다. 고된 장사 일을 하다가 이상이 생긴 뒤에 무슨 병인지 찾아서 치료하는 것보다 내 몸에 대해서 이해하고 꾸준히 예방하는 방법을 실천함으로써 스스로 건강을 지키는 쪽을 선택하고 있다.

Think it over

눈에 띄지 않는 숨겨진 기술이 결정적인 작용을 할 때가 있다.

자기를 잘 아는 사람이 장사를 잘 한다

장사에서 성공하려면 사장은 어떤 사람이 돼야 할까? 장사는 사장이 어떻게 일하느냐에 따라 성패가 갈리는 것이기 때문에, 사장이 어떤 유형인지만 봐도 그 매장의 성공 여부를 알 수 있다. 그동안 내가 봐왔던 바에 따르면 장사에 성공한 사장은 4가지 유형이 있다.

첫째, 성실한 사장이다. 사장이 솔선수범하면서 잘 짜놓은 시스템 안에서 매일 해야 하는 루틴을 성실히 수행하면 성공할 확률이 높다.

둘째, 노력하는 사장이다. 세상의 변화에 관심을 가지고 매장에도 변화를 주려고 노력하는 사장은 오래 간다. 자신의 매장을 오픈하기 위해 고수를 찾아가 기술을 연마했던 사장이 거기에서 멈추지 않고 업그레이드된 기술을 만들기 위해 또 다른 고수를 찾아가는 노력을 할 수 있다면, 롱런하는 매장을 만들 수 있다.

셋째, 도전하는 사장이다. 꿈이 많고 욕심이 많은 사장은 매장을 어떻게든 성공시키고 키우고 싶어 한다. 모든 도전이 성공할 수는 없지만 사업화하기 위해 2호점, 3호점으로 늘리려는 노력을 하는 사람이 있다. 미래 지향적이고 발전하는 사장이라서 변화에도 민감하다.

넷째, 실력 있는 사장이다. 기술이 뛰어난 데다가 다른 곳에서는 경험할 수 없는 것을 제공한다면 그 매장은 성공할 수밖에 없다. 크게 키우지 못할지는 몰라도 적어도 실패는 안 한다.

장사는 자기가 잘하는 것을 찾으면 성공 확률이 올라간다. 안경원 직원들 중에도 같은 상품을 가지고 누구는 잘 파는데 누구는 잘 못하는 사람이 있다. 흔히 안경사의 매출은 실력 차이라고 생각하겠지만, 가만히 보면 잘 파는 사람은 3가지 부류로 나눌 수 있다. **첫째는 비주얼, 즉 외모와 관련 있다. 둘째는 언변이 좋은 사람, 셋째가 기술이 뛰어나서 실력을 인정받는 경우다.** 도와주는 직원이 한두 명 있을 뿐 1인 가게에 가까운 작은 매장의 사장들은 셋째에 해당하는 경우가 많을 것이다.

장사하는 사람이 비주얼이 좋으면 말은 좀 못해도 된다. 솔직히 말하면 실력은 뛰어나지 않아도 비주얼이 좋으면 커버가 된다. 그건 그 사람의 타고난 복이다. 우리 매장에도 비주얼 좋은 직원이 있는데, 언변이 좋은 다른 직원의 장점을 이야기하면서 그걸 배우고 싶다고 하길래 나의 생각을 말해주었다. "너는 그거 안 배워도 된다. 대신 너의 장점을 더 부각시켜라. 오히려 옷을 더 잘 입고 머리를 세련되게 하면 그게 더 이득이다. 좀 덜 친절하고 말이 화려하지 않아도 커버가 된다. 실력이 좀 덜 뛰어나도 외모로 커버된다. 너에게 유리한 점에 집중하면 된다. 그게 세상 이치다. 남이 잘하는 장점을 굳이 좇을 필요 없다."

그 직원은 부모님에게 물려받은 타고난 복을 좋은 데 쓰면 된다. 다만 그런 사람들은 남에게 이용당하다가 잘 안 풀리는 경우가 있으니까 그건 조심해야 한다. 다른 사람 말에 휘둘리지 말고 자기 중심을 가지고 너무 자만하지 않는 것만 주의하면 성공할 수 있다.

장사하는 사장도 마찬가지로 비주얼이 좋으면 고객이 온다. 이왕이면 고객은 잘생긴 사람에게 물건을 사고 싶어 한다. 하지만 모두가 잘생길 수는 없으니까 다른 쪽으로 장점을 개발하면 된다. 말을 포근하게 한다든지 재밌게 한다든지 예의바르게 한다든지 언변이 뛰어난 쪽으로 훈련할 수도 있다. 심리 책이나 대화법 책을 읽고 연습하면서 공부하는 사람도 있다. 언변에는 친절도 포함된다. 말은 잘하는데 어딘지 모르게 태도가 고자세라면 손님 입장에서는 기분이 썩 좋지는 않다. 일상에서도 키도 작고 생긴 건 별로인 사람이 설명을 조목조목 잘하고 세련되게 말하면 "저 사람 참 괜찮네. 호감형이야"라고 한다.

그런데 외모도 별로이고 말주변도 없다면 어떻게 하면 될까? 그럴 때는 실력이 좋다면 걱정 없다. 같은 업종에서 누구보다 뛰어난 실력을 갖추도록 노력하면 된다. 사람들은 그 전문성이 필요해서 그 매장에 찾아간다. 이 3가지 중에 나는 어떤 경우에 해당하는지 자신을 잘 들여다볼 수 있어야 한다.

장사를 준비하는데 아무리 노력해도 기술이 딸려서 외모를 가꾸고 친절함을 훈련했다면 말은 좀 못해도 먹고살 수 있다. 만약 비주얼이나 친절로 승부를 봐서 손님들이 몰렸는데, 그걸 보고 장사가 잘 되는 자리라고 생각해서 인수한 사람이 있다면 그 가게는 갑자기 쇠락의 길을 걸을 수도 있다. 비주얼은 대체될 수가 없기 때문이다.

Think it over

대학가나 여고 앞에서는 잘생긴 아르바이트 남학생이 먹힌다.

사장이 친절하면 핸디캡이 커버된다

"실력있는 사람은 절대 망하지 않는다." 나도 이런 말을 직원들에게 자주 한다. 그러나 고객의 마음을 움직이는 것이 기술만이 아니다. 일본의 어느 안경원에 갔다가 무릎 꿇고 설명해주는 걸 보고 속으로 깜짝 놀란 적이 있다.

만약 음식점의 젊은 사장이 서툴러도 진심을 담아 친절하게 한다면, 좀 서툴러도 용서가 될 것이다. 친절은 고객의 마음을 움직인다. 아무리 맛있는 식당이어도 불친절하면 기분 상해서 다시는 안 간다고 하는 사람도 많이 있다. 친절은 말은 쉬운데 몸에 배어서 나오기까지는 참 어렵다. 그래서 사장은 물론이고 직원들까지 교육시켜서 친절함이 무장돼 있다면 맛은 평범해도 성공할 수 있다.

미디어 탓인지 몰라도 요즘 사람들은 기술 지상주의에 빠져 있다. 시스템이나 친절을 영상 콘텐츠로 담기는 어렵지만 기술이나 실력을 주제로 콘텐츠를 만드는 건 상대적으로 쉬워서 그럴까. 그런 영상들의 영향 때문인지 사람들은 눈에 보이지 않는 가치들은 제쳐두고 기술이나 실력을 배우는 데만 집중한다. 그런데 장사가 잘 되는 매장의 진짜 비법이 맛 같은 기술이 아닌 경우도 많다. 물론 맛있는 것도 중요하지만 정말 장사를 잘하는 사람은 친절하기만 해도 돈을 벌 수 있다.

친절이 타고난 사람도 있지만 실제로 그런 경우는 상당히 드물다. 앞에서 3년간 고수에게 모든 걸 배우라고 했는데, 친절 역시 고수에게 배워야 한다. 입지 좋은 곳에 점포를 얻을 돈이 없다고 자포자기할 것이 아니라 친절을 배우면 된다. 친절도 배우고 연습할 수 있다.

우리 안경원의 직원들 중에도 손님의 마음을 잘 건드려서 고가의 제품을 잘 팔아내는 사람이 있다. 장사에서는 실력을 보여주는 것만으로는 충분하지 않다. 친절이 몸에 배게 하는 것도 그 사람 역량이다. 예를 들어, 식당에 갔는데 젊고 잘생긴 남자 또는 여자가 무릎을 굽히고 눈높이에서 메뉴를 설명해주면 싼 걸 못 시킨다. 미안해서라도 중급 이상은 시킨다. 다 먹은 다음에는 또 배웅을 나가서 인사를 90도로 하면 기억에 남게 된다.

사장이 카운터에 가만히 앉아서 손님 뒤통수에 "안녕히 가세요" 말 한마디 던지는 것과 문을 열어주면서 눈을 맞추며 인사하는 것은 결코 같을 수 없다. 마지막에 그 집을 떠날 때 남은 인상이 그 집의 친절도를 결정한다. 친절한 사장이 있는 곳이라면 손님은 다시 찾아올 것이다. 장사는 그렇게 고객의 마음을 움직일 수 있으면 상상한 것보다 훨씬 효과적으로 돈을 벌 수 있다.

친절을 느끼게 하는 비법은 여러 가지가 있다. 눈높이를 맞추는 게 친절이 될 수도 있고, 아부를 잘하는 게 친절이 될 수도 있고, 시원시원하게 성격 좋게 대화하면서 90도로 인사하고 끝까지 배웅해주는 게 친절이 될 수도 있다. 친절의 종류는 여러 가지가 있으니까 내가 만족을 줄 수 있는 방법을 찾으면 된다.

커피숍을 한다고 해보자. 맛이란 호불호가 있어서 누구에게는 맛있고 누구에게는 별로일 수도 있다. 그러나 친절은 누구나 느낀다. 사장이 친절하고 손님에게 싹싹하게 대하면 매장이 멀리 있어도 가게 된다. 커피숍이 가까운 곳에 있는데 내가 가든 말든 관심도 없다면 500원 더 싸게 팔아도 안 가고 싶다. 어떤 장사이든 주인이 상주하지 않는 매장은 그래서 오래 살아남기가 힘들다. 직원의 친절은 사장이 있을 때 관리가 잘 되기 때문이다.

자금, 실력, 친절 중에서 사장은 한 개만 가지고 있어도 성공할 수 있다. 사장이 오너셰프로 주방에서 일하는 경우에는 어느 정도 실력을 갖추면 중상급의 결과를 얻을 수 있다. 그런데 맛은 평균인데 사장이 직접 고객을 대면하면서 친절하게 대하면 중상급 이상의 결과를 얻을 수 있다. 실력은 특출나야 성공하지만, 친절은 그 이상의 효율이 있다.

우리나라에서 이제 장사하는 매장들은 실력에 있어서 기본 이상은 된다. 웬만한 실력으로는 특별한 만족을 주기가 어렵다. 그럴 때 차별화할 수 있는 것이 친절이다. 나부터 잘 생각해보자. 단골로 자주 가는 식당 중에 '저 사람이 분명히 사장'이라는 걸 아는데, 그 사장이 한 번도 나에게 아는 척을 한 적이 없다면 어떤 생각이 들까? 자주 갔으니까 내가 뜨내기 손님이 아니라는 걸 그 사장도 알고 있을 것 같으면 '이 사장님은 고객이 와도 별로 안 반갑구나' 싶은 생각이 들 것이다.

사장은 그 매장의 얼굴 마담이 돼야 한다. 어떻게 그 많은 사람들을 다 기억하냐고 핑계대고 싶지만, 단골인지 아닌지 긴가민가 싶을 때는 그냥 인사하면 된다. 상대를 알든 모르든 "안녕하세요"를 반복하는 것이다. 그렇지 않으면 고객은 서운하다. '내가 여길 몇 번을 왔는데 저 사람이 아는 척 한 번을 안 하네' 이런 생각이 든다. 물론 내가 힘들고 짜증나는 기분일 때는 고개를 돌리고 눈을 안 마주치고 싶을 때도 있을 것이다. 그럴 때는 차라리 다른 일을 바쁘게 하면서 눈을 안 마주치는 게 낫다. 눈이 마주쳤는데 인사를 안 하면 오해가 생긴다. '내가 그동안 팔아준 게 얼만데 저 사장이 나를 무시해?'라는 마음이 생기면 걷잡을 수 없는 후폭풍이 생긴다.

Think it over ————————

세상 어디에도 없는 독보적인 기술을 얻지 못했다면? 그래도 괜찮다. 방법은 있다.

꼴을 타고나면 기술은 평균이면 족하다

성공하려면 꿈, 끈, 깡, 꼴, 끼 등 5가지 쌍기역이 필요하다는 말이 있다. 꿈은 목표가 있어야 한다는 것이고, 끈은 라인을 탈 수 있어야 한다는 말이니까 장사에서는 스승이다. 깡은 깡다구, 끈기, 인내심을 말한다. 꼴은 비주얼을 말하는 것으로, 여고나 여대 앞에 있는 떡볶이집 아르바이트 남학생이 잘생겼으면 손님이 많이 몰리는 걸 보면 중요하다는 걸 알 수 있다. 장사에서 끼는 센스가 있는지를 말하는 것으로 쉽게 말하면 임기응변 능력이다.

근래에 들어서 사람들은 기술만 중요하게 생각하고 여기에만 쏠리는 경향이 있다. 마치 실력만이 오로지 갖춰야 할 유일한 것처럼 여기는 풍토가 생겼는데 꼭 그렇지는 않다. 사장은 자기 자신을 들여다볼 수 있어야 한다. '내가 잘하는 게 뭐지? 내 장점이 뭐지?' 차분히 생각해봐야 한다. 아무거나 좋아 보이면 다 따라 하려고 하지 말고 나를 들여다봐야 한다. 고수한테 기술과 태도를 배우더라도 나의 장점을 더하면 빠른 시간 내에 성공하는 사장이 될 수 있다.

우리 안경원의 직원 중에 끌을 잘 갖추고 있는 사람이 있었다. 외모는 조상에게 물려받은 좋은 요소다. 그래서 비주얼을 살리라고 했더니 처음엔 이해를 잘 못했다. 내가 봤을 때는 충분히 잘할 소지가 있는데도 너무 원칙적이라 고가 제품을 잘 못 팔았다. 그래서 이야기를 해주게 됐다.

"강남의 자동차 대리점에 갔다고 생각해보자. 사장은 그 대리점에서 가장 비싼 차종을 지나가는 사람들이 가장 잘 볼 수 있는 자리에 전시하겠지? 왜? 매출을 올려야 되니까. 대리점에 방문하는 손님이 경차를 사러 들어왔다가도 그 비싼 차를 보면 눈길이 한 번 더 갈 것이고, 결국 모닝 사러 왔다가 아반떼라도 사게 될 확률이 높아. 마찬가지야. 너는 안경원에 에르메스를 든 할머니가 오든지 장바구니를 든 아기엄마가 오든지 상관없이 그냥 비싼 걸 꺼내서 보여주면 돼. 손님이 사든 안 사든 상관없어. 눈치 보지 말고 그냥 비싼 걸 내놔. 그러면 너의 실적이 확 올라갈 거야."

그랬더니 말귀를 알아들은 이 직원은 이후로 매출이 뛰기 시작했다. 방법을 터득하고 나니까 손님을 응대하고 오면 한 번에 2개, 3개씩 팔았다고 했다. 나에게 3년 동안 장사를 배운 다른 직원이 하루는 그랬다. "저 친구가 지금 한 사람한테 안경을 3개 팔았어요. 80만 원 매출이에요. 어떻게 저렇게 하는지 모르겠어요. 참 대단해요." 부러워하는 그를 보면서 나는 조용히 웃었다. 그 말을 한 직원도 타고난 기질이 좋다. 언변이 좋아서 손님을 편안하게 해주고 설명도 자상하게 해준다. 그 직원은 비주얼 직원에 이어 우리 매장에서 두 번째로 고가 제품을 잘 파는 직원이었다.

반면에 무뚝뚝하고 친절하지도 않지만 사람들이 좋아하는 걸 기가 막히게 잘 구현해내면 손님은 몰린다. 그래서 우선은 자신을 잘 살펴보는 것이 실력으로 이어진다. 자기가 부족한 것보다 잘하는 걸 선택해서 집중하면 모든 걸 갖추지 않아도 장사를 잘할 수 있다.

다만 여러 가지 자질의 밸런스를 맞추는 것은 필요하다. 꼴을 잘 타고난 사람이 심성을 컨트롤하지 못하면 잠깐 뜨다가 사라지는 경우를 많이 볼 수 있다. 30년 이상 장사하면서 주위 사람을 봤을 때 이 두 가지를 다 갖추고 있는 경우가 드문 것을 보면 '신은 참 공평하구나' 싶은 생각이 들 때가 있다. 젊을 때 마음을 컨트롤하지 못하고 '내가 최고다'라는 생각에서 벗어나지 못한 채 자신이 계속 잘될 거라고 생각하고 자만하다가 끝이 안 좋은 경우를 많이 봤다.

장사하는 사람은 밖으로 보이는 꼴도 중요하지만 내면의 꼴도 중요한 법이다. 성선설을 주장한 맹자는 선을 싹틔우는 4개의 단서로 '측은지심(惻隱之心), 수오지심(羞惡之心), 사양지심(辭讓之心), 시비지심(是非之心)'을 이야기했다. 이 중에 장사꾼이 꼭 가져야 할 마음은 측은지심이다. 남을 불쌍하게 여기는 착한 마음이다. 결국 베푸는 마음이 오래 가는 장사를 지탱해준다.

장사하는 사람에게 무기가 되는 친절함이 바로 내면의 꼴을 보여주는 예시다. 대신 그 친절함에는 연속성이 담보가 돼야 한다. 조금만 느슨해지면 고객은 그걸 불친절로 느낄 수 있다. 맨날 챙겨주던 사장이 조금만 소홀하면 섭섭해한다. "사장이 변했어. 배가 불렀나 봐." 이런 뒷말이 들리면 그 매장은 위험하다. 진짜 장사의 고수들은 그걸 알기 때문에 힘들어도 매장을 굳건히 지킨다. 사장이 없을 때는 직원이 조금만 잘못해도 이런 말이 나온다. "사장이 돈 좀 벌었네. 내가 팔아줄 필요가 없겠어."

Think it over

내가 손님에게 측은지심을 발휘하면 손님들도 나에게 측은지심을 보여준다.

3분 요약 체크 - 〈Chapter.2〉 기술력 생존의 법칙

◎ 사장은 독보적인 기술을 갖춰야 한다. 장사에는 경우의 수가 워낙 많기 때문에 가장 빠르고 확실한 방법은 장사의 고수에게 찾아가 직접 보고 배우는 것이다. 장사의 노하우를 체득하는 일은 혼자 하면 어렵고 오래 걸린다. 장사에 성공한 사람의 기술 노하우, 자기관리, 임기응변 능력 등 장사에 필요한 '끼'를 가장 빨리 축적할 수 있는 방법은 가까이서 보고 배우는 것이다.

◎ 적어도 3년은 최고의 고수에게 배워라. 장사는 어려운 것이지만 또 의외로 쉽다. 특정 업종의 고수만 찾아도 50%는 떼어놓은 당상이다. 스승이 필요한 건 공부나 장사나 똑같다. 혼자서 공부하면 오래 걸리지만, 유능한 강사를 만나면 시간이 단축된다. 장사도 똑같아서, 유능한 고수를 찾아서 배우고 검증을 받아야 한다.

◎ 비법을 전수받는 비법은 간절함. '물어봐도 안 가르쳐줄 것 같은데' 라는 생각에 배움을 청하는 걸 어려워하는 사람이 있을 것이다. 고수를 찾을 때는 기술과 지혜를 모두 갖춘 사람인지 확인해야 한다. 지혜롭지 못하면 롱런할 수가 없다. 두려워 말고, 부끄러워 말고 고수를 찾아서 배움을 청하기 바란다. 그래야 성공 확률을 획기적으로 높이고 실패 확률을 확연히 줄일 수 있다.

◎ 먹고살 만해지면 기술은 바뀌어야 한다. 사람들은 빨리 돈을 벌고 싶어서 '기술'만 배우려는 경향이 있다. 그것만 있다면 장사를 시작하자마자 대박이 날 것 같지만 막상 해보면 그렇지도 않다. 보이지 않는 룰

을 고수에게 배우고 습관으로 만들어야 성공 확률이 비약적으로 높아진다. 기술적인 부분뿐 아니라 장사하면서 수많은 경험으로 생긴 대처 능력을 배우는 것이다. 장사에서 스승이 필요한 이유가 여기에 있다.

◎ 기술 연마를 위해 나는 이렇게까지 했다. 요즘 사람들은 정보를 접할 기회가 많아서 지식은 많이 알고 있지만, 경험이나 노하우가 장착된 지혜로운 기술 습득이 부족하다. 바쁜 세상에 아까운 시간 낭비가 싫다면, 단기간에 기술을 최고로 만드는 가장 좋은 방법은 역시 최고의 스승을 찾는 것이다.

◎ 자기를 잘 아는 사람이 장사를 잘한다. 장사에 성공한 사장은 4가지 유형이 있는데, 첫째 성실한 사장, 둘째 노력하는 사장, 셋째 도전하는 사장, 넷째 실력 있는 사장이다. 장사는 자기가 잘하는 것을 찾으면 성공 확률이 올라간다. 본인의 유리한 점에 집중하면 된다. 남이 잘하는 장점을 굳이 쫓을 필요 없다.

◎ 사장이 친절하면 핸디캡이 커버된다. 친절은 고객의 마음을 움직인다. 장사가 잘되는 매장의 진짜 비법이 맛 같은 기술이 아닌 경우도 많다. 물론 맛있는 것도 중요하지만 정말 장사를 잘하는 사람은 친절하기만 해도 돈을 벌 수 있다. 장사에서는 실력을 보여주는 것만으로는 충분하지 않다. 친절이 몸에 배게 하는 것도 그 사람 역량이다.

◎ 꼴을 타고나면 기술은 평균이면 족하다. 근래에 들어서 사람들 사이에 기술만 중요시 여기고 마치 실력만이 오로지 갖춰야 할 유일한 것처럼 여기는 풍토가 생겼는데, 꼭 그렇지는 않다. 사장은 자기 자신을 들여다 보고 자신의 장점을 차분히 생각해봐야 한다. 고수한테 기술과 태도를 배우더라도 나의 장점을 더하면 빠른 시간 내에 성공하는 사장이 될 수 있다. 다만 여러 가지 자질의 밸런스를 맞추는 것은 필요하다.

내가 심은 나무는
내 생각만큼 자란다.

Chapter. 3

365일 항상성의 법칙

- 장사는 365일 오픈이 기본값이다
- 사장은 쉬어도 쉬는 게 아니다
- 매장의 휴무에 대한 설득
- 관리하지 않는 매장은 금방 죽는다
- 내가 30년간 현장감을 유지한 방법
- 사장이 대외 활동에 바쁘다면 좋은 걸까?
- 성공할 수밖에 없는 습관을 만든다
- 루틴의 법칙, 매일 하면 미래가 다르다
- 변함없이 성실한 사장은 주변에서 돕는다
- 장사를 오래 하려면 몸과 마음을 지켜라

장사는 365일 오픈이 기본값이다

이 책에서 가장 중요한 핵심 한 가지만 말하라고 한다면 그것은 "사장은 가게 비우지 말라는 것"이다. 내가 처음부터 끝까지 주장하고 싶은 것도 그것이다. 요새는 사장이 하도 흔해서 길거리에서 "사장님"하고 부르면 다 돌아본다는 이야기가 있다. 그런데 회장이라고 하면 좀 적어진다. 어느 정도 사업 단위가 올라가야 "회장님"이라고 부른다. 이 차이가 뭘까.

사장은 한자로 쓰면 '社長'이다. 사장 위에 있다는 회장을 한자로 쓰면 '會長'이다. '社'자는 '모일 사', '會'자는 '모일 회', 둘 다 '모이다'라는 뜻이다. 그런데 왜 사장 위에 회장이 따로 있을까. 사장의 '社'를 보면 '示(시)'와 '土(토)'가 결합해 있다. '示'는 옛날에 제사 지내던 제단의 모양이다. 이걸 다른 말로 하면 '신'이라고도 볼 수 있다. '귀신' 할 때의 '신'이다. 여기에 흙 토가 붙었다. '社'는 '모일 사'도 되지만, '토지신 사'이기도 하다. 결국엔 토지신에게 빈다는 것이다. 빌 때는 혼자서 비는 것이 아니라 여러 사람이 모여서 같이 한다. '長'은 어른 장으로 우두머리를 의미한다. 토지신에게 제사를 지내기 위해서는 사람들이 모이게 만들고 제사를 주관하는 우두머리가 있어야 한다는 뜻이다. 토지신은 장사로 말하면 매장이며, 장소를 의미한다. 그런데 제사를 지낼 때는 어른이 있어야 한다. 사람이 아무리 많이 모여도 어른이 없으면 제사를 지낼 수 없다. 매장에 손님이 아무리 많이 모여도 주관하는 사람이 없으면 감동이 없다. 그게 바로 '사장'이라는 말의 풀이다.

그러면 회장은 뭘까. '會'는 찬합 모양의 글자다. 위에 뚜껑(亼)이 있고 내용물(罒)이 있고 밑에 받침(日)이 있다. 이걸 모으면 찬합이 된다는 의미에서 형상화했다. 사장인 사람들이 모여서 모임을 만들고 사장 중에 회장 노릇을 하는 사람이 있는 것이다. 사장들이 모여서 어떤 조직이나 새로운 걸 만들었을 때 회장이 필요함을 의미한다. 이것은 사람과 사람 사이의 문제다.

사장과 회장은 똑같이 '모이다'라는 뜻이지만 사장은 제사를 지내는 마음으로 그곳에 항상 상주를 해야 한다. 그래야 제사를 지낼 수 있다. 그렇지만 회장은 각자 제사를 책임지는 사장들이 있으므로 그럴 필요는 없다. 실제로 그룹 회장은 출근을 안 해도 큰 문제는 없다. 반면에 사장은 무조건 사무실에 나와야 그곳이 움직인다. 사장은 제사장 역할이라면 회장은 모임을 주관하는 사람인 것이다.

장사하는 사람이 초보일 때는 특히 성실하게 보여야 한다. 그래서 매장이 쉬는 것도 신중해야 한다. 개인적으로 나는 젊은 사장이 휴무를 정해놓고 꼬박꼬박 쉬는 것은 반대하는 입장이다. 여름휴가를 가는 건 이해할 수 있는데 주중에 고정으로 쉬는 날이 있으면 손님이 많아도 평가를 유보하게 된다. 자리를 좀 잡은 나이 있는 사장이 일주일 중 하루를 정기적으로 쉬면 그것은 이해가 된다. 그런데 사람이란 참 이상한 선입견이 있어서, 젊은 사장이 쉬면 스스로 마련한 자금으로 매장을 차렸어도 이런 생각이 든다. '부모가 돈이 많은가?'

가게 문을 닫는 것은 사장의 마인드 문제다. 젊은 사장이라면 특히 더 주위 사람들에게 성실한 이미지를 얻어야 한다. 장사하는 사람에게 성실함의 척도 중 제일로 꼽히는 것은 일찍 문 열고 늦게 닫는 것이다. 젊은 사람이 쉬지 않고 열심히 일한다는 인상을 주면 예뻐 보이고 도와주고 싶은 마음이 생긴다. 매장을 오픈한 지 얼마 안 됐는데 공휴일마다 꼬박꼬박 문을 닫으면 사장이 게을러 보인다. '놀 거 다 놀고 언제 돈 벌어?'라는 생각이 든다. 장사는 그래서 이미지 관리다.

직원 없이 사장 혼자 운영한다면 손님이 올까 봐 화장실 갈 때도 불안하다. 예약손님만 받는 곳이 아닌 이상 손님은 언제 올지 모르니까 점심 먹으러 가는 것도 고민된다. 잠깐 문을 닫았는데 그때 고객이 올 수도 있다. '잠시 부재중' 팻말이 있다고 해서 고객이 기다려줄까? 대부분은 기다리지 않는다. 사장은 한 번 문을 닫았는데 동네 사람 누군가는 지나갈 때마다 닫힌 문을 볼 수도 있다. '저기는 맨날 문 닫고 놀러다니나 보네'라고 생각해도 어쩔 수가 없다. 그래서 장사는 힘든 것이다.

지금까지 살면서 직접 봤던 가게들을 잘 생각해보자. 장사가 잘 되고 있는데 매주 쉬겠다고 문 닫는 집은 거의 없다. 설날과 추석 당일 외에 상중(喪中)이라는 고지가 붙어 있지 않는 한 쉬는 걸 본 적이 없을 것이다. 요즘이야 주 1회 문 닫는 집이 생기고 있지만, 매장을 오픈해서 자리를 잡기까지 '휴무'가 붙어 있는 매장을 보고 나의 경우엔 좋은 생각이 들었던 적이 없었다. 모두들 쉬는데 한 곳만 문 연 곳이 있다면 그곳은 오히려 돋보일 것이다. 대기업 프랜차이즈 매장들은 365일 중 하루라도 문 닫는 곳이 없다. 휴일이 있는 곳은 못 봤다. 법령에 의해 억지로 의무휴일을 정한 게 아닌 이상 365일 오픈이 장사의 기본값인 것이다.

근래에는 고객들도 자신의 워라밸(Work and Life Balance)을 중요시하는 만큼 일주일에 하루 고정으로 쉬는 건 어느 정도 받아들이는 분위기가 조성되긴 했다. 매장이 오피스가에 위치한 곳이라면 일요일에 휴무여도 큰 지장은 없을 것이다. 그러나 만약

주택가에 위치한 매장이라면 신중히 고려해보기 바란다. 장사는 어찌 됐든지 간에 365일 열려 있는 공간이 있으면 유리하다.

가장 좋은 건 직원과 교대로 쉬면서 매장은 늘 열어놓는 것이다. 직원 한 사람 썼을 때 나가는 인건비와 직원 없이 혼자 운영하면서 하루 쉬었을 때의 손해를 따져봐서 비슷하다면 문을 여는 게 맞다. 그래야 오래 가는 장사를 할 수 있다.

우리 안경원은 멀리서도 찾아오는 손님들이 유난히 많다. 오랜만에 찾아온 손님이 매장 문이 닫혀 있는 걸 보면 얼마나 허탈할까 생각하면 문을 닫을 수가 없다. 옆에 사는 동네 주민이라면 내일 또 오면 되지만 멀리서 온 손님이 느낄 허탈감을 생각하면 항상 매장 문을 여는 것이 장사의 원칙이자 고객에 대한 예의라는 생각이 든다. 만약 체력에 자신이 없으면 하루 중에 문 열어놓는 시간을 줄이고 365일 여는 것도 방법이 될 것이다.

Think it over

장사의 기본은 성실함이다. 기술과 친절이 무기가 되는 밑바탕에는 성실이 있다.

사장은 쉬어도 쉬는 게 아니다

"넌 좋겠다. 마음대로 놀 수 있잖아." 장사를 시작한 초창기부터 친구들은 내게 이런 말을 자주 한다. 그런데 진짜 사장은 놀 수 있어도 놀 수가 없다. 365일 매장을 여는 것을 원칙으로 하고 있어도, 체력을 고려하지 않고 사장이 365일 매일 일할 수는 없다. 매달 15일이든, 매주 화요일이든 사장은 휴무를 일정하게 정해 놓고 쉬어야 한다. 개인적인 볼일이 있더라도 정해진 날 몰아서 처리하는 것을 원칙으로 해야 한다.

그런데 **사장은 몸은 쉬고 있어도 정신은 쉬지 못한다.** 주파수는 매장에 가 있다. 쉬어도 쉬는 게 아니라서 마음이 힘들다. 제대로 된 사장이라면 마음이 콩밭에 가 있어서 쉴 수가 없다. 가게가 문을 닫고 직원들도 쉬어야만 사장도 쉴 수 있다. 자영업을 하는 사람들은 1년에 딱 두 번, 명절 당일에만 문을 닫는 것이 그동안의 보편적인 모습이었다. 직원들이 일하고 있는데 사장이 쉬면서 편하다고 느낀다면 결과는 뻔하다. 6개월 뒤에나 1년 뒤에는 문을 닫게 된다. 당장 망하지 않아도 매출 곡선은 하향으로 점점 내려갈 것이다.

장사하는 곳의 매출 곡선은 장기적으로는 상승 곡선이어야 정상이다. 주가 차트 움직이듯이 단기로 보면 오르락내리락은 있지만 1년 단위로 보면 장기적인 상승세여야 한다. 그런데 장사가 잘 된다고 해서 사장이 쉬기 시작하면 3년 내지 5년까지 최상승점을 찍고 점점 내려갈 것이다. 3~5년까지 전력을 다해 달리다 보면 점점 매장에 나가기 싫고 귀찮고 쉬고 싶다. 궤도에 올랐으니 손을 대지 않아도 계속 장사가 잘될 것이라는 착각을 하게 된다. 그렇게 10년이 되면 대부분은 원점에 가까운 상태가 된다. 사장이 신경을 안 쓰면 매장의 수명이 다해버리는 것이다.

안경원을 하고 있는 안경사 지인들에게 전화해보면 골프 치러 갔다거나 놀러갔다고 하는 경우가 많다. 인생을 즐기기도 해야 하니까 그게 잘못됐다는 건 아니다. 다만 3년, 5년 후에 "어, 왜 매출이 떨어질까?" "왜 장사가 안 될까?" 고민하는 경우가 있는데, 사장의 마인드와 매장의 매출이 관계가 있다는 걸 말하고 싶은 것이다. 모든 건 사장의 선택에 따른 결과다. 사장이 관심을 안 가지는 매장의 매출이 오를 수 있다는 건 거짓말이다. 365

일 생각하는 사장이 있고, 300일 생각하는 사장, 200일 생각하는 사장이 있는데 결과가 어떻게 같을 수 있을까. 매출이 떨어지는 건 당연한 세상의 이치다.

요즘은 세상이 바뀌어서 젊은 직원들을 두고 운영하는 매장들은 관리에 어려움을 겪는다. 직원들이 일을 많이 하거나 바쁘거나 근무일이 많은 것을 싫어하고 거부하기 때문이다. 아무 때나 오더라도 동일한 서비스 품질을 유지하는 것이 장사의 관건인데, 직원 관리가 힘들면 이걸 지켜내기가 힘들다. 기본값은 365일 오픈이더라도 사장이 쉬는 날에 직원 관리가 안 된다면 매장 전체를 하루 닫는 게 나을 수도 있다. 아니면 관리가 안 돼도 매출은 나오니까 여는 게 좋다고 할지, 그건 각자가 선택할 몫이다.

그런데 고객 입장에서는 가게 문이 닫혀 있으면 원하는 걸 얻지 못해서 불편하다. 식당은 딴 데 가면 그만이지만 필수품을 파는 매장일 때는 더욱 그렇다. 내가 돈은 못 벌어도 고객에게 불편을 주면 안 되니까, 자신의 업에 맞게 잘 생각해야 한다. 사장이 어디에 중요한 가치를 두고 있느냐에 따라서 디테일한 행동들은 달라질 수밖에 없다. 진짜 사장은 고객과의 약속과 신뢰가 일순위다. 밥을 먹든 안경을 맞추러 오든 365일 오전 10시부터 오후 8시까지 오픈 시간을 약속해놨다면 고객들이 언제든지 내 매장에서 원하는 걸 하고 갈 수 있도록 준비해놓는 것이 장사다.

반면에 시대가 바뀌면 소비자의 이해도가 바뀔 수 있다. 지인 한 분이 이런 이야기를 했다. 좋아하는 칼국수집이 있는데 어느 토요일에 갔더니 문을 닫았다고 한다. '월요일에 문 닫는 건 이해하는데 주말에?'라는 생각이 들었고, 다음에 다시 갔을 때 물어봤다. 그랬더니 사장이 "일하시는 분들이 고령자들인데 일요일 장사도 해야 되니까 토요일은 쉬고 일요일과 평일 장사를 하기로 했다"는 것이다. 그 말에 수긍이 됐다고 한다.

우리 안경원도 코로나 이후로 일요일 휴무를 시작했다. 예전 같으면 일일이 다 설명을 했어야 하는데 "쉬어가면서 해야죠", "안 그래도 생각해 보니까 그런 것 같더라"라는 반응을 보이고 있다. 요즘에는 인터넷으로 휴무일을 확인하고 방문하는 사람이 대부분이라서 불편함이 많이 줄었다. 대신 틀린 정보 때문에 고객이 화가 나지 않도록 매장에서 온라인 정보를 수시로 체크하며 관리해야 한다.

Think it over

매장은 사장이 관심을 가진 만큼 생명력을 연장받는다.

매장의 휴무에 대한 설득

직원 없이 혼자 장사하는 1인 매장이라면 고객들도 주 1회 정기휴무에 대해 이해해줄 것이다. 그러나 직원이 있는데 문을 닫을 때는 명분이 있어야 한다. 365일 문을 열 자신이 없다면 주 1회는 문을 닫아도 받아들여질 수 있는 업종을 택해야 한다. 요즘은 많이 바뀌었다고 해도 장사에는 선입견이 있다. "사장이 배가 불렀네"라는 말이 나올 상황이라면 신중히 생각해야 한다.

내가 하는 안경원은 현재 일요일 휴무인데 "사장님한테 안경할래요"라는 고객들이 있기 때문에 화요일에는 항상 내가 매장에 나가 있다. 굳이 요일을 정해놓고 직접 해주는 이유는 서비스 때문이다. 부득이하게 주 5일 근무를 하게 돼서 직원들이 화요일에 쉬기 때문에 공식적으로는 '화요일 휴무(AS와 간단한 서비스만 가능)'라고 공지가 돼 있다. 원래 주 7일을 열었다가 하루 문을 닫으면 "그래 저기도 쉬어야지" 하며 이해한다. 그러나 이틀을 문 닫으면 "배 불렀네" 소리가 나올 것이다. "뭐야 일요일도 문 닫더니 화요일도 문 닫네"라는 생각이 들 것이다.

실제로 화요일에 찾아온 고객 중에 그런 사람이 있었다. "와 사장님, 돈 많이 버셨나 봐요. 일요일날 문 닫더라고요." 여기에는 숨겨진 메시지가 있다. 입은 웃고 있지만 애써서 찾아왔는데 문이 닫혀 있더라는 불편함에 대한 호소와 비난이다.

그래도 코로나 이전과 달리 인식은 바뀌고 있다. 그전까지 소비자들은 소매점에서 일요일날 문을 닫는다는 걸 상상을 못했다. "장사하는 집이 일요일날 문을 닫아?" 하며 괘씸하게 생각했을 것이다. 그런데 코로나 이후로는 일요일에 하루 문을 닫아도 "그래 쉬어가며 해야지", "직원들도 쉬어야지" 그렇게 바뀌었다. 그러다 보니까 나는 좋은 사장이 되었다. 옛날에는 "배불렀나 봐" 했을 텐데 "사장이 직원들 복지를 챙겨주네. 일요일 매출을 포기한다고? 이 사장님 대단하네" 하는 인식 전환이 생겼다. 그렇게 해석해주니까 나는 고마울 따름이다.

사회적 분위기의 반영인지 몰라도, 코로나 팬데믹 이후로 장사하는 업계에도 변화가 생겼다. 우리 안경원뿐 아니라 휴무일을 정해놓고 꼭 쉬는 곳이 많아졌다. 음식점 같은 곳은 거의 대부분 오후 3~5시에 칼같이 브레이크 타임을 가진다. 예전 같으면 고객들이 그런 모습을 그다지 좋게 보지 않았는데, 자영업자들이 힘든 걸 아니까 인식이 바뀌고 있다. 장사하는 입장에서는 복지 혜택이 좋아진 셈이다.

이 책을 쓰느라 매장 문은 열려 있는데 내가 부득이하게 나가지 못했던 상황이 있었다. 직원들에게 "토요일, 화요일에 오시면 사장님이 꼭 계세요"라고 안내하라고 했다. 매장에 나가지 못한 사장의 경우 두 가지 유형이 있다. 의심스러워서 수시로 전화하는 사장과 신경쓰지 않는 사장이다. "오늘 매출 얼마 했냐?" 묻는 사람도 있는데 나는 절대로 전화를 안 하는 쪽이다. 이왕 내가 현장에 못 나가는데 직원도 사장 없이 해봐야 내 마음을 안다는 생각이다. 내가 할 수 있는 게 없는데 자꾸 전화하면 직원들 스트레스만 주는 것 같아서 싫다.

그런 원칙을 세우게 된 것은 내가 종업원 생활을 할 때 맹세한 것이 있기 때문이다. 장사가 잘 되면 사장의 입가에 미소가 번지고, 장사가 안 되어서 인상을 팍 쓰고 있으면 종업원 입장에서는 눈치가 보인다. 밖에서 계속 체크하면서 "오늘은 조용한데요?"라는 말을 들으면 전화를 확 끊어버리는 경우도 있다. 그러면 정말 마음에 상처를 받는다.

직원이 낙심하면 매출에도 좋을 것은 없다. 전화를 자꾸 해봐야 매출이 더 들어오는 것도 아닌데, 부담을 주지 않는 편이 장사하는 사장으로서 더 낫다는 것이 내 생각이다. 차라리 못 믿겠으면 내가 현장에 나가서 하는 게 맞다. 그래서 내가 사장이 되면 밖에 나가서 직원한테 전화해대는 건 안 해야겠다는 결심을 한 적이 있다. 내가 매장에 없을 때는 직원들에게 전적으로 맡긴다.

Think it over

폐점은 고객을 불편하게 할 수 있다.

관리하지 않는 매장은 금방 죽는다

매장을 찾아오는 손님들은 다양한 유형이 있다. 오늘은 점잖은 손님이 왔지만, 내일 오는 손님은 까탈스러울지도 모른다. 매일 매일 달라지는 현장에서 사장은 마음이 힘들지만, 잘 되는 매장은 사장이 그때그때 임기응변을 잘 한다.

장사하는 사람들은 매일 다른 사람들과 부딪히면서 참아야 한다. 그래서 장사를 오래 하면 도인이 된다. 산에 가서 도를 닦을 수도 있겠지만, 장사를 하면서도 도를 닦을 수 있다. 산에 가서 내 마음을 스스로 컨트롤하면서 도 닦는 것보다 어쩌면 다른 사람과 부딪혀가면서 자기 마음을 누르고 참는 것이 더 어렵지 않을까 싶은 생각도 든다. 아무튼 장사는 보통 일은 아니다. 그러다 보니 멘탈이 약하면 중도에 장사를 때려치우는 사람도 있다.

장사는 심지어 날씨에도 영향을 받는다. 매일 똑같은 날씨는 없는 것처럼 장사에도 비오는 날이 있고 태풍 치는 날이 있다. 그동안 장사하면서 내가 가장 기억에 남는 날이 있다. 군위에서 처음 안경원을 개원해서 운영할 때인데 그날 안경 맞추는 손님이 한 명도 안 들어왔다. 눈이 오는 날이었는데 시골에는 눈이 한 번 오면 펑펑 오기 때문에 길거리에 지나다니는 사람도 드물었다. 장사하면서 공치는 날은 한 번도 경험해보지 않았는데, 그날 매출은 500원짜리 식염수 한 병을 판 것이 전부였다.

그날도 출근해서 문을 열고 있었던 건, 눈이 오건 태풍이 불건 약속한 시간 동안은 무조건 문을 연다는 것이 나의 장사 원칙이었기 때문이다. 지금 생각해보면 그런 하루하루의 경험이 다 내 공으로 쌓인 것 같다. 그래도 식염수 한 병은 팔았으니 누군가에게 도움을 주었고 우리 매장의 매출도 0은 아니었다.

우리 몸은 항상성을 유지해야 건강을 지킬 수 있듯이, 매장도 항상성을 유지해야 매출을 올릴 수 있다. 그래서 사장은 평정심을 유지하면서 매일 성실하게 루틴을 지켜야 한다. 옆집 사장은 "비 와서 사람들이 안 오니까 오늘은 들어간다" 할 수도 있지만, 매장을 지키고 있었던 사장은 매출을 올릴 기회를 잡는다.

대학생이 된 아들이 인터넷쇼핑몰에서 판매 경험을 해보더니 어느 날은 물었다. "스트레스 받아서 못하겠어요. 아버지는 어떻게 이걸 매일 하셨어요?" 30년 정도 장사를 하니까 '오늘 안 되면 내일 잘될 거야'라는 원리를 알고 있다. 안 좋은 날이 있으면 좋은 날을 기다리고, 좋은 날이 지난 후에는 악천후를 대비해 마음을 가다듬으며 변화를 준비해야 한다. 이걸 모르면 초보 사장은 스트레스를 견디기가 힘들다.

장사하려고 사장이 되는 순간부터 눈치볼 사람이 없어지는데, 이것은 치명적인 함정이다. 자식이 부모 눈치를 보듯 직원은 사장 눈치를 보는데, 사장은 위에 사수가 없어서 컨트롤해 줄 사람이 없다. 그래서 사장은 자기관리를 철저히 해야 장사에 성공할 수 있다. 직원이 보기에 '우리 사장은 일을 안 하네'라고 생각되면 매장 수준은 다운그레이드된다.

부지런해 보이는 사장이 항상 열려 있는 매장에서 손님에게 친절하게 대하면 그 장사는 성공한다. 장사는 마치 생물과 같아서 시간과 장소와 사람의 변화를 반영할 수 있어야 한다. 예를 들어 화초는 관리를 조금만 안 하면 값어치가 떨어지고 시들하다가 죽는다. 장사를 하는 사장들은 매장을 생물처럼 여기고 매순간 관심을 두어야 한다. 이런 개념 없이 조금만 등한시하고 부주의하면 매장은 바로 죽는다. 화초는 내 눈앞에서 시들어가는 게 보이는데 매장은 그게 안 보인다는 것은 또 다른 함정이다.

당장 눈앞에서 안 보인다면 매장이 죽어가는 것은 어떻게 파악할 수 있을까? 대표적인 징조는 매출이 하락하는 것이다. 이때 많은 사람들이 "경기가 안 좋아서"라며 핑계를 찾는다. 그러나 경기는 오르락내리락해도 매출은 줄어들면 안 된다. 장사는 해를 거듭하면서 재방문 고객과 신규 고객이 쌓이면서 매출이 늘어야 정상이다. 성장률이 제로인 것까지는 인정할 수 있지만, 유지가 아니라 마이너스 성장이라면 적신호가 켜진 것이다. 작년 매출이 5천만 원이었다면 올해 매출은 5천만 원까지는 괜찮다. 그러나 4천만 원, 3천만 원으로 떨어졌다면 심각한 것이다.

경기가 아무리 나빠도 5%, 10%씩 경제성장률이 떨어지지는 않는다. 코로나 팬데믹에도 경제성장률은 5% 넘게 떨어지지 않았다. 석유파동, 외환위기 같은 초대형 악재가 아닌 이상 매출 하락은 경기 탓이 아니라 매장관리를 제대로 못한 '내 탓'이다. 우리 가게의 매력을 못 느껴 기존 고객이 안 올 수도 있고, 홍보나 프로모션을 지속하지 못해 신규 고객이 안 생길 수도 있다. 그래서 매장은 생물을 다루듯이 항상 주의깊게 관리해줘야 한다.

Think it over

장사는 날씨가 바뀌어도 한결같아야 한다.

내가 30년간 현장감을 유지한 방법

나는 매장에서 벌어지는 모든 일을 처음부터 끝까지 하나하나 체크하는 편이다. 내가 없더라도 고객 상담에 지장이 없도록 우리 매장의 안경사들은 안경렌즈, 안경테 등 수많은 제품들의 정보와 가격을 숙지하고 있어야 한다. 한번은 독일제 렌즈의 카탈로그를 가지고 고민에 빠졌다. 예전 버전의 카탈로그와 새로 나온 카탈로그가 있는데 둘 다 숙지해야 하는 상황이라 혼돈이 있었다. 둘 다 필요한 정보가 있어서 이걸 보다가 저걸 보다가 해야 하는 상황이라, 고객 응대를 할 때도 자꾸 흐름이 끊겼다. 그런 직원들의 모습을 보면서 내가 차라리 가격표를 새로 만들자는 생각이 들었다. 카탈로그를 두 개 들고 다녀야 하는 불편한 상황을 없애고자 두 개를 합해서 하나의 자료를 만들었다.

이처럼 현장을 통제하는 데에는 지속적인 노력이 필요하다. 나는 30년 전이나 지금이나 현장 감각을 똑같이 유지하고 있다. 특히 주말에는 매장을 반드시 지키며 가장 늦게까지 있다. 안경사는 보건복지부 장관이 발행하는 면허를 취득해야 일을 할 수 있는 보건의료인으로 전문직이지만, 안경원에서는 판매를 해야 하기 때문에 장사를 알아야 한다. 장사하는 매장에 직원들이 있지만, 사장은 현장에 없는 순간에도 현장에서 벌어지는 일을 안 보고도 읽어낼 수 있어야 한다. 손익을 파악해야 하기 때문에 자리를 비워도 어떤 식으로든 컨트롤할 수 있는 방법을 개발해야 한다.

장사는 적은 자원으로도 꾸준한 노력을 기울이면 기회를 잡을 수 있는 일이다. 다만 사장이 현장을 장악하고 있어야 한다는 것이 전제조건이다. 식당을 하는데 사장이 레시피를 모르고 주방장을 컨트롤할 수 없다면 휘둘릴 수밖에 없고, 옷가게를 하는데 고객이 좋아할 만한 옷을 골라올 안목이 없다면 망하는 건 수순이다. 인건비로 다 날리고 싶지 않다면 사장은 현장을 통제하고 있어야 한다.

그래서 우리 매장은 손님이 많이 있으면 많이 있는 대로, 손님이 없으면 없는 대로 해야 할 일들이 많다. 아주 타이트하게 관리하는데, 새로 들어온 안경사 한 명이 입사할 때 이런 말을 했다. "제 기준으로 사장이 맘에 안 들면 저는 직장을 옮깁니다. 저는 대표님보다 잘될 겁니다." 이 친구가 보름 근무해보고 다시 이렇게 말했다. "대단한 사람 만났습니다. 너무 타이트해요."

보통 사장들을 보면 취미생활과 인맥관리를 이유로 매장에 잘 없는 경우가 많은데, 그건 좋은 습관이 아니다. 개인 휴무일 외에 절대 근무 시간을 개인적인 시간으로 사용하면 안 된다. 매장이 쉬는 날을 정해놓고 직원과 사장이 같이 쉬든지, 365일 오픈하고 교대근무를 하기로 했다면 사장도 직원들과 똑같이 휴무일 스케줄을 정해놓고 자신이 근무하는 요일에는 무슨 일이 있어도 출근하고 근무 시간을 지켜야 한다. 주위에서 수없이 많이 봐온 바에 의하면 사장이 밖으로 돌아다닐수록 잃는 것이 많다.

초심을 잃지 않는 사장들은 매장을 꼭 지키고 있다. 이 습관을 평생 유지한다면 그 사람은 반드시 장사로 성공할 것이다. 초심을 유지하는 사람은 '나는 왜 장사를 하는가'를 충분히 생각하고 있는 사람이다. 그래서 매장에 변화를 줄 때도 가치관이 반영되고 일관성이 있다.

매장에서 퇴근 전에 마감을 할 때 매출일기를 수기로 쓰면서 하루를 정리하는 습관이 있으면 좋다. 단순히 숫자만 쓰는 날도 있겠지만 중요한 사안을 메모할 수도 있고, 스스로를 격려하는 메시지를 적을 수도 있다. 매장을 처음 오픈할 때의 목표를 잘 보이는 데에 붙여놨다가 출근하자마자 또는 아침에 일어나자마자 한번 읽어보는 것도 좋다. 초심을 리마인드하는 데 좋은 방법이 된다. 장사를 처음 시작하면서 정해놓았던 원칙이 있다면 그것을 스스로 주입시키는 것이다. 계속 하다 보면 뇌리에 박히고 각인이 된다. 대문짝만 하게 핸드폰 배경화면에 자신의 목표를 박아놓는 것도 스스로에게 각인시키는 좋은 방법이다. 계속 볼 수 있기 때문이다. 뭐가 됐든 목표를 각인시킬 수 있는 본인만의 방법을 찾으면 된다. 다이어리를 쓰는 사람이라면 일주일 시작할 때나 한 달 시작할 때에 맨 위에 잘 보이는 곳에 목표를 쓸 수도 있을 것이다.

Think it over

매장, 직원, 고객 등 모든 변수를 파악하려면 사장은 현장에 있어야 한다.

사장이 대외 활동에 바쁘다면 좋은 걸까?

보통 장사를 시작하고 3~5년 지나면 단골손님도 늘어나고 여유가 조금 생긴다. 이때가 되면 바깥으로 도는 사장들이 있는데, 그건 조심해야 할 사항이다. "사장은 밖에 나가서 손님을 끌고 와야 돼" 하고 유혹하는 사람이 주위에서 나타날 수 있다. 그런데 내가 강조하고 싶은 이야기는 제발 자신의 가게에 상주해 있으라는 것이다. 기업의 사장이라면 외부 사람들과의 만남을 통해 새로운 기술도 접하고 정보도 얻고, 네트워크를 만들어 투자를 키울 수도 있을 것이다. 그러나 장사하는 사장은 밖으로 나가는 순간 여러 가지로 잃을 것들이 더 많다.

물론 모임에도 나가고 인맥을 넓혀서 사람을 많이 사귀면 자신의 매장에 손님으로 데리고 올 수도 있을 것이다. 그런데 잘 생각해보면 내 매장으로 들어오는 매출이 커지는 만큼 나가는 지출도 크다. 그 손님이 우리 가게에서 팔아줬으면 나도 그 사람에게 도움을 줘야 한다. 결국은 제자리걸음이다. 오히려 자꾸 다니다 보면 웃돈을 더 많이 쓴다는 건 간과하기 쉽다. 게다가 사장이 한번 바깥으로 돌기 시작하면 매장 안의 직원들도 느슨해진다. 이것은 매출이 점점 떨어지는 직접적인 원인이 된다.

내가 생애 처음으로 오픈한 안경원은 경북 군위였는데, 그때 한 어르신 손님이 와서 해준 이야기가 있다. "10명의 직원보다 눈먼 사장 1명이 낫다"는 이야기다. 앞도 못 보는 주인이 뭘 할 수 있겠나 싶지만, 그저 매장에 있는 자체만으로도 주인의 역할을 하는 것이란 뜻이다. 한마디로 절대로 가게를 비우지 말란 메시지다. 나 역시 그동안 철두철미하게 그걸 지키려고 노력해왔다. 그걸 모르고 밖을 돌면 망할 확률은 높아진다. 잠깐 지인들을 통해서 매출이 올라갈 수는 있겠지만, 그만큼 또 내 주머니를 털어야 한다.

모임에 나가 인맥을 넓히라고 말하는 주변 사람이 과연 순수하게 좋은 뜻으로 말한 건지는 알 수 없다. 사실 나를 끌고 밖으로 나가려는 건 놀러다니자는 뜻이 강하지 않을까. 골프 모임, 축구 모임, 각종 동호회, 상인들 단체 등 장사하는 사람이 아니어도 그런 모임들은 많을 것이다. **인맥과 친목을 다지고 네트워크를 쌓는 것이 나쁜 건 아니지만, 장사하는 사람에게는 그것**

이 마음이 붕 뜨면서 마냥 놀고 싶어지는 유혹과도 같다. 매장에 하루종일 있는 게 힘들어서 보상심리로 나가는 건 아닌지 핑계를 대고 있는 건 아닌지 스스로가 잘 알고 있을 것이다. 단순 계산으로 생각해봐도 그렇게 해서 알게 된 지인이 어쩌다 우리 가게에 올 수는 있겠지만 그만큼 내가 돈을 써야 우리 가게에도 오는 것이기 때문에 마이너스가 아니면 다행이다. 차라리 그 돈으로 광고나 프로모션 행사를 하는 게 낫다.

게다가 세상이 항상 내 마음대로 움직여주지는 않는다. 장사하는 사람은 보통 저녁 7시가 넘어야 끝난다. 9시 넘어서 끝나는 곳도 많을 텐데 다른 사람들은 6시부터 모임을 시작하고 보통은 그게 기준이 되기 때문에 그런 모임에 참석하려면 나의 페이스를 깨야 한다.

내 경험상 모임이 있어도 장사하는 사람은 자주 빠져야 한다. 보통 사람들의 라이프 스타일에 맞춘 모임에 따라가다 보면 내 가게에는 리스크가 생긴다. 그래서 장사하는 사람에게 웬만하면 모임은 참석하지 말라고 얘기하는 것이다. 그런 인맥은 놀기에 적합한 경우가 많아서 이래서 나가고 저래서 나가다 보면 가게는 소홀하게 된다. 매장은 바쁜데 사장이 툭 하면 6시에 혼자 퇴근한다면 직원들이 일을 열심히 할까? 사장의 매뉴얼에 잘 따를 것이란 보장이 없다. 정확하게 내 업무 시간에 지장이 없는 모임인 경우에만 참석한다고 원칙을 정해두는 것이 옳다.

사람들은 자주 이런 말을 한다. "넌 사장이니까 좋겠다. 네 맘대로 시간 쓸 수 있으니까." 그런데 그런 마인드로 장사를 하면 망할 수밖에 없다. 사실 사장은 오히려 시간을 내 맘대로 쓰는 것이 더 어렵다. 5분 대기조처럼 매장에 묶여 있는 사람이 사장이라고 할 수 있다.

요새 사장들은 공부를 하는 데에도 적극적인 경우가 많다. 물론 교육은 자기관리 차원에서 적극적으로 해야 하는 게 맞지만, 정확한 근태관리 원칙을 가지고 움직여야 한다. 출퇴근 시간에 지장 없게 하고, 사장의 휴무일을 이용한다면 문제없을 것이다. 스스로 원칙을 정하지 않는 이상 사장은 자기관리를 잘 하기가 늘 어렵다. 잘 되는 장사를 오래도록 하는 사람이 많지 않은 이유가 여기에 있다.

Think it over

사장이면 아무 때나 놀 수 있어서 좋을 것 같지만 현실은 다르다. 진짜로 아무 때나 놀면 곧 망하는 지름길이다.

성공할 수밖에 없는 습관을 만든다

장사하는 사장이 갖춰야 할 자질 중 하나는 성공하는 방법을 습관으로 만드는 능력이다. 인간은 편한 것을 선호하는 동물이고, 변화를 싫어하는 본능을 갖고 있다. 그래서 의도적으로 습관을 만들지 않으면 자기도 모르는 사이에 나쁜 습관이 버릇처럼 스며든다.

요즘은 식당에서 3시에서 5시 사이에 브레이크 타임을 둔다든가 일주일 중 하루 휴무를 반드시 지킨다든가 하는 것이 추세가 되고 있다. 그런데 남들과는 반대로 가기 위해 일주일 내내 휴무 없이 매장을 여는 것을 콘셉트로 했다고 치자. 남들과 반대로 하면 그게 경쟁력이 될 수 있지만 반드시 그걸 지켜야만 무기로 작용할 수 있다. 이럴 때 중요한 것은 습관으로 만들어서 반드시 지키는 것이다.

습관의 한자(習)를 살펴보면 '羽(깃 우)'와 '白(흰 백)'이 합해진 조합이다. '白'은 원래는 '日(해 일)'인데, 새가 하늘을 나는 모습을 표현한 것이다. 새가 하늘을 날기 위해서는 많은 노력과 시간이 소요됐을 것이다. 그래서 '習'자는 배우면서 익혔다는 의미다.

이 습(習)을 잘 이해하고 관리하면 새가 하늘을 마음껏 날아가듯이 성공을 마음껏 요리할 수 있다. 그런데 이 습관을 만드는 것이 쉽지만은 않다. 원래 우리 몸과 뇌에 박혀 있던 것은 하루아침에 바꿀 수 없다. 작심삼일이라는 말이 있다. 마음먹기는 쉬워도 그 상태를 그대로 유지해서 행동으로 옮기기란 참으로 어렵다. 장사하는 사람도 마찬가지로 습관을 바꾸고 유지하기가 정말 어렵다.

사장들은 처음에 초심으로 성실하게 일한다. 열심히 일하다가 어느 정도 안정기에 접어들면 그때부터 대개가 그렇듯이 편한 것을 찾고, '나도 이제 좀'이라는 생각을 하며 서서히 자기도 모르게 변한다. 그런데 사장은 위에서 누가 통제하는 사람이 없으니 스스로 행동을 관리할 수밖에 없다. 그러니 처음의 습관을 유지하는 것은 더욱 어려운 일이다. 학교 다닐 때처럼 선생님이라도 붙어 있으면 좋겠다는 생각이 든다. 게을러지는 걸 미연에 방지하려면 좋은 습관을 뿌리내리는 것밖에는 방법이 없다.

좋은 습관을 잘 만들어놓으면 모든 일이 쉬워진다. 인위적으로 억지로 하는 행동은 오래 갈 수가 없다. 습관으로 몸에 배면 아무리 해도 지치지 않고 에너지가 줄어들지 않는다.

습관을 들이는 좋은 방법은 처음부터 너무 과하게 하지 않는 것이다. 하나씩 몸에 완전히 익히고 거기에 더해 몸에 익혀야 할 것을 조금씩 더 늘리는 것이 좋은 방법이다. 예를 들어 매일 밥 먹듯이 책읽기를 하기로 마음먹었다 치자. 매일 3시간씩 책읽기를 습관으로 만들고 싶다면, 우선은 하루 10분씩 책읽기를 행동에 옮기는 것이다. 하루에 10분도 책 읽는 습관이 안 돼 있는데 3시간 동안 책상 앞에 앉아 있는 것은 무리일 것이다.

처음부터 크게 행동지침을 정하고 욕심을 부리다 보면 하루 이틀 만에 포기하고 만다. 목표는 크게 잡되 행동은 작게 시작해야 한다. 우선은 책과 가까워지기 위해서 만화책이든 소설책이든 매일 10분 동안 책을 읽는다. 실제로 해보면 책상에 앉아 있는 것에 대한 거부감이 점점 사라지면서 책 읽는 시간이 늘어난다.

성공하고 싶은 사장이라면 이런 습관이 있으면 좋겠다는 리스트를 먼저 만들고 조금씩 바꿀 수 있는 지침을 만들어보자. 나는 책쓰기를 목표로 정한 후부터 글쓰기 습관을 들이기 위해 매일 아침 일어나서 10분 정도 생각나는 대로 글을 적는 습관을 만들겠다고 정해놓았다. 장사만 하던 사람이 책쓰기란 참 어려웠다. 내가 그간 해오지 않았던 것이기 때문이다. 하지만 매일

10분 동안 글쓰기가 습관이 되면 한 시간 글쓰기도 가능해질 것이다. 실제로 지금은 어느 정도 습관이 되어 마음먹고 앉으면 한 시간씩 글을 쓸 수 있다.

얼마 전에 들었던 공부 관련 강의에서 습관을 바꾸는 데 66일이 걸린다는 주장을 들었다. 두 달 정도 걸린다고 말한 셈인데, 내 생각에는 경험상 100일은 걸리는 것 같다. 보통 3개월 정도 지나면 매일 하던 습관이 자기 것이 될 확률이 높다. 옛날에 우리 조상들은 백일기도라는 것을 했는데 이것도 같은 맥락이라고 생각한다. 기본으로 100일 정도는 기도해야 소원을 이룰 수 있다는 것이다. 습관을 만들고 싶다면 100일간 반복해보자. 지속적인 루틴은 좋은 습관이 되어 장사를 성공시키는 데 밑거름으로 작용할 것이다.

Think it over ———————

목표는 크게 잡아도 행동은 조금씩 꾸준히 해야 습관이 생긴다.

루틴의 법칙,
매일 하면 미래가 다르다

사장으로서 지켜야 할 가장 중요한 습관은 출퇴근 시간이다. 특히 자영업을 하는 사장들은 이게 더욱 중요하다. "출근하고 싶으면 하고 쉬고 싶으면 쉬고 사장이니까 마음대로 해서 좋겠다"고 말하는 사람들이 있는데, 이것이 보통 사람들의 사장에 대한 선입견이다. 아무도 나를 지적하고 뭐라고 할 사람은 없으니까 물론 그럴 수는 있다. 그런데 진짜로 그렇게 하다가는 1년이 못 가서 장사를 접어야 할지 모른다. 제대로 일하는 사장은 더 일찍 출근하고 더 늦게 퇴근한다. 쉬고 싶어도 못 쉬는 경우가 훨씬 더 많다.

대기업 사장도 출퇴근 시간이 있다. 하물며 작은 매장 하나를 가진 사장이 출퇴근 시간 개념이 없다면 그 사람은 사장의 자격이 없는 것이다. 하지만 현실을 보면 반대로 하는 경우가 많다. 아파서 늦게 출근하고 결혼식이 있어서 쉬고 아이들 입학식, 졸업식이라고 쉬고 이런저런 이유를 들어 출근 시간을 잘 지키지 않는다. 하루 12시간 가까이 매장에서 근무하는 것이 얼마나 어려운지는 잘 안다. 하지만 그것도 습관 들이기 나름이다.

처음으로 매장 문을 여는 순간부터 가장 먼저 해야 할 일은 '출근은 제 시간에 반드시 한다'는 원칙을 철저하게 지키고 습관으로 만드는 것이다. 절대 결근하지 않는다는 원칙을 유지하기 위해서 휴무일 이외에는 볼일을 만들지 않는다. 365일 어느 날이 됐든 비가 오나 눈이 오나 출근해야 한다는 것이 사장이 만들어야 할 진정한 제1의 습관이다. 나는 이것을 30여 년 동안 지키고 있다.

'나는 이런 습관을 어떻게 만들 수 있었을까'하고 생각해 봤다. 어릴 적 산중턱에 있는 중학교를 다니기 위해서 자전거 타는 걸 연습했고, 매일 자전거로 등하교를 했다. 결국 3년 동안 지각 한 번 없이 학교를 다녀서 개근상을 받았다. "너는 몸이 불편하니까 다른 사람들보다 더 열심히 해야 된다"는 아버지 말씀에 무조건 학교는 가야 했다. 비가 올 때면 한 손으로는 우산을 잡고 한손으로는 핸들을 잡고 자전거를 탔다. 비가 올 때도 눈이 올 때도 항상 그 빗속의 습도와 눈 속의 추위를 이겨내면서 빠지지 않고 다녔다. 지금 다시 하라고 하면 절대 그렇게 못할 것 같은

데, 지금 생각해봐도 나는 스스로 대견해할 만큼 대단했던 것 같다. 그때 나도 모르는 사이에 몸에 정착한 습관이 빠짐없이 출근하는 것으로 이어진 것 같다.

아침마다 그저 10분 일찍 문을 열었을 뿐인데 부지런한 사장이라는 이미지가 생겼다면 그건 참 고맙고도 무서운 일이다. 보이지 않는 평판을 획득해 주변 사람들이 "저 사람은 잘될 거야"라는 말을 자주 한다면 그걸로 성공이다. 내 귀에는 안 들려도 그 파장이 돌아다니고, 그게 쌓이고 모였을 때 운(運)이라는 게 만들어진다.

"아유, 저 집 사장님 친절하고 참 열심히 해"라는 말들이 쌓여야 매장도 잘 된다. 젊은 사장은 특히나 편한 것만 찾고 주변의 시선을 외면하면 장사가 잘 될 수가 없다. 초보 사장은 좋은 차도 타면 안 된다. 집에서 개인적인 활동을 할 때는 좋은 차를 타고 다녀도 매장에 올 때는 저렴한 차를 타야 한다. 시샘하는 사람들의 시선이 어떤 결과를 불러올지 알 수 없다. 세상이 달라졌다고는 하지만 사람의 마음은 기본적으로 비슷하다.

내 고객이 없는 곳에서는 상관없지만, 매장이 있는 동네의 주변에서는 행동을 조심해야 한다. 그래서 장사에 베테랑인 사람들은 집 근처가 아니라 1시간이 걸리더라도 주거지에서 멀리 떨어진 곳에서 매장을 여는 경우가 많다. 그래야 자신의 삶과 일이 분리될 수 있기 때문이다. 물론 자신 있다면 자기 동네에서 매장을 열 수 있고, 출퇴근 시간을 벌 수 있어서 좋을 것이다. 그러나 단점이 없는 사람이란 없으니 까딱 잘못하면 큰일이다.

만약 집 근처에서 매장을 한다면 동네를 다니다가 못 보고 인사를 한 번만 안 해도 욕을 먹을 것이다. 그렇게 생각지도 못한 실수를 하거나 몸이 좀 안 좋았을 때 무심코 했던 행동 때문에 억울한 일이 생길 수 있다. 사람이 살다 보면 어쩔 수 없이 한두 번 실수는 있을 수 있지만 그런 일이 자주 있으면, 내 눈에는 안 보이는 타인의 인식이 박혀버린다. 물건 파는 것 말고도 사장은 여러 가지로 신경쓸 것이 많다.

매일 똑같은 시간에 문을 열고 문을 닫는 습관이 익숙해지면 자신의 습관으로 만들어야 하는 또 다른 것들이 보일 것이다. 예를 들면 매장 문을 열고 들어오는 고객에게 인사 멘트는 어떻게 할지, 정리정돈 원칙을 어떻게 세울지 같은 것이다. 사장은 작은 변화들을 계속해서 고민하고, 그것을 또 다른 루틴으로 만들어야 한다. '어떻게 하면 발전할 수 있을까'를 계속 생각하는 것이다. 어제의 나와 오늘의 나는 달라야 발전한다. 집에서 책 한 페이지라도 읽었다면 그걸 안 읽은 이전의 나와는 분명히 달라진 것이다. 그게 쌓이고 쌓여 1년 지나고 10년 지나면 성장할 수 있다. 그러나 한 페이지 한 줄도 안 읽은 사람이라면 10년이 지나도 똑같을 것이다.

Think it over ————————

사람들은 잘 되는 가게에서 돈을 쓰고 싶어 한다.

변함없이 성실한 사장은 주변에서 돕는다

나는 매장에 있으면 마음이 편하고 좋다. 매장을 벗어나면 불안하고 마음이 편치 않다. 이런 모습을 보면 지인들은 가끔 "이제 좀 취미도 갖고 운동도 하세요" 또는 "도대체 무슨 맛으로 사냐?"라고 묻는다. 그 사람들이 보기에는 내 삶이 재미없고 따분하게 보일지 몰라도, 나는 그렇게 습관적으로 내 자리, 내 위치에서 일하는 것이 좋다.

장사하는 사장은 고객 만족을 위해 변화에 민감하게 대응해야 하는데, 그 변화를 알아차리기 위해서는 항상성을 유지하고 있어야 한다. 앞서 말한 휴무일도 항상성이다. 매장의 휴무일은 고정적으로 정해놓고 그날에만 쉬어야, 고객들도 지금 이 매장에서 자신이 원하는 걸 얻을 수 있는지 예상할 수 있다. 사장은 자기가 볼일 있는 날 쉬는 게 아니라 특정일을 정해놓고 그날 볼일을 봐야 한다. 휴무일을 이랬다 저랬다 한다면 고객들은 떠나갈 것이다. 대부분은 그 조짐을 알아차리지 못한다. "어, 또 문이 닫혀 있네" 하는 상황이 반복되면 고객은 다시 발걸음을 하지 않을 것이다.

장사 초보인 사장은 이것은 꼭 지킨다는 루틴을 정해놓는 것이 좋다. '손님도 없는데 오늘은 좀 일찍 닫을까?' 하는 마음이 불쑥 생겼을 때 정해진 루틴이 없으면 마음대로 하기 십상이다. 어린아이도 부모가 없으면 자기 맘대로 하는데, 원칙을 정해놓은 게 없다면 매장은 제멋대로 운영될 것이다. 휴무일, 휴게시간, 오픈과 마감 시간을 정확히 지키지 못할 거라면 장사를 하지 말아야 한다.

초보 사장에게 어려운 점은 여러 가지가 있겠지만 가장 안 되는 것이 출퇴근이다. 아무도 뭐라 할 사람이 없고 자유롭다는 건 좋은 것만은 아니다. 지금 시대에는 흔한 게 사장이라 권위나 특권을 먼저 생각하면 안 된다. 가까운 횡단보도에서 "사장님" 하면 다 쳐다본다는 이야기가 있다. 말이 좋아 사장이지, 자신을 사장이라 생각지 말고 장사를 평생 직업으로 삼은 종업원이라고 생각해야 자기관리가 편하다. 내가 나를 고용했을 뿐 매장이라는 곳에서 일하는 조직의 일원이라고 생각하는 것이다. 게다가 가장 책임이 크고 가장 열심히 일해야 하는 0순위 직원이다.

학교 선생님이라면 학생들에게 등하교 시간을 지키라고 말하기 위해서라도 출퇴근 시간을 꼭 지킬 것이다. 사장은 본인 스스로에 대해 엄격한 근태 관리를 해야 한다. 장사는 사장의 이미지에 크게 좌우된다. 매장이 있는 상가 안에서 주위 사람들이 알게 모르게 다 보고 있다. 고객들뿐 아니라 주변 상권의 다른 매장 사장들과 종업원들도 나를 평가할 수 있는 사람이다. 맨날 늦게 나와서 문 열고 놀 수 있는 만큼 다 놀면 주변 사람들이 도와주고 싶지가 않다. 손님은 돌고 돌기 때문에 내가 아무리 잘났어도 이미지가 나빠지면 끝이다. 특히 동네 장사에서는 고객들이 서로 의견을 묻고 전한다. 성실한 사장이라는 이미지가 붙었다면 보이지 않는 도움을 받게 된다. 그 동네에서 가장 늦게 문 열고 가장 일찍 집에 가는 사장을 도와주고 싶어하는 사람은 없을 것이다. 보이지 않게 돕는 분위기, 또는 돕지 않는 분위기가 있다는 걸 알아야 한다.

일찍 출근해야 한다는 건 일찍부터 일하러 나와야 한다는 뜻은 아니다. 직원들은 늦게 나와도 사장은 정해진 오픈 시간보다 일찍 나와서 준비하면 된다. 처음 시작하고 나서 최소 1년은 지켜야 할 원칙이다. 정말 장사에서 성공하고 싶은 사람이라면 이 원칙을 평생 가져가야 할 습관으로 만들 것이다. 이게 몸에 배어 있는 루틴이 되면 좋다.

어느 아파트 상가에 세탁소가 있었다. 그 옆에는 수퍼마켓도 있고 안경원도 있고 미장원도 있는데, 손님이 세탁소에 갔을 때 가끔 문이 닫혀 있는 경우가 있었다. 이럴 때 손님은 옆집 미장원에 물어보는 경우가 많았다. "세탁소 사장님 어디 가셨어요?" 이럴 때 평소 세탁소 사장님의 평판에 따라 대답은 다르게 나올 것이다. "문 닫혔어요? 저 세탁소 사장님 배달 갔나 봐요. 그렇게 비워놓는 사람이 아니거든요." 이런 대답을 들었다면 손님은 다음에 그 세탁소를 또 갈 것이다.

그런데 다른 대답이 나올 수도 있다. "그 사장님 오늘 안 나왔어요." 그러면 손님은 "자주 안 나와요?"라고 묻는다. 이때 "들쑥날쑥 해요" 이런 응답이 나온다면 손님은 그 세탁소에 다시는 안 갈 것이다. 헛걸음하기 싫으니 가고 싶을 리가 없다. 소비자의 마음은 그렇다. 게다가 좋은 경험을 했을 때보다 기분 안 좋은 경험을 했을 때는 주변에 더 말하고 싶어진다.

더구나 시대가 바뀌었다. 세탁소에 갔다가 문이 닫혀 있으면 다른 세탁소로 갈 수는 있다. 동네에 세탁소가 한 개만 있지는 않으니까 급하면 다른 데로 갈 것이다. 그런데 만약 다른 세탁소도 닫혀 있고 불만족이 쌓인다면 어떻게 될까? 예전이라면 이런 상황에 욕은 하겠지만 어느 곳이든 가긴 갔을 것이다. 그러나 지금 세상에서는 게으른 사장을 더이상 참아주지 않는다. 스마트폰을 열어 모바일 세탁소 런드리고로 갈아타버릴 것이다. 그때부터는 돌이킬 수가 없다. 굳이 동네 세탁소 어느 곳도 다시 찾을 필요가 없다. 온라인 시대에 오프라인 매장은 홍보 채널이 많아져서 좋은 점도 있지만, 그만큼 성실함도 더욱 굳건히 지켜야 한다. 보는 눈도 많아졌고 고객들이 선택할 옵션도 더욱 많아졌기 때문이다.

Think it over

가장 엄격히 지켜야 할 것은 사장의 근태 관리다.

장사를 오래 하려면 몸과 마음을 지켜라

장사를 오래 하려면 체력적으로 뒷받침이 돼야 한다. 그래서 사장의 자기관리에는 건강 관리가 중요한 항목이다. 나는 20대 초반부터 장사를 했는데 스트레스 때문에 술도 많이 먹고 저녁에 라면에 밥 말아먹고 자다 보니까 80kg을 넘기는 거구가 됐던 적이 있다. 당시 28세였는데 책을 보다가 이런 내용을 읽었다.

"나중에 많은 것을 거느리고 싶다면 당신의 마음과 몸을 다스릴 수 있어야 한다. 스스로 마음과 몸을 다스리지 못하면서 어떻게 직원의 마음, 고객의 마음을 움직일 수 있겠는가? 자기 마음을 컨트롤할 수 있는 좋은 방법 중 하나는 자신의 몸을 다스리는 것이다. 자기 몸도 건강하게 만들지 못하고 몸무게도 마음대로 조절하지 못하면서 그 어려운 고객의 마음을 움직인다는 것은 어불성설이다. 마음을 움직이는 것보다 몸을 컨트롤하는 것이 더 쉽다. 자신의 몸무게도 조절하지 못한다면 마음을 컨트롤할 수 없다. 그것은 곧 큰 사업을 할 수 없다는 뜻이다."

정확한 문장이 생각나는 건 아니지만 대략 그런 맥락이었다. 그걸 보고 나는 살을 빼야겠다는 결심을 했다. 그래서 다이어트 방법을 조사하고 운동을 하지 않고도 한 달 만에 8kg을 뺐다. 사람들은 "어떻게 살을 뺐어요?" 하면서 깜짝 놀라곤 했다. 스스로를 테스트해본 것이었는데 요요 현상은 없었다. 그후로 '나는 그 정도 능력은 있다'고 자부하게 되었다.

체중 감량은 단순히 건강을 위한 노력이기도 하지만, 성실과 꾸준함의 결과이기도 하다. 직접 해봤던 일이다 보니까 나는 살찐 스님을 싫어하고 살찐 사장님을 인정하지 않는다. 잠시 운이 좋았거나 원래 돈이 많거나 다른 이유가 있을 것이라는 생각이 든다. 스스로 모든 걸 이뤄낸 사람은 아니라고 생각한다.

직업상 술 접대를 한다든지 달달한 디저트를 시식해봐야 한다든지 특수한 직업이 아닌 이상 장사하는 사람은 살이 찌면 안 된다고 생각한다. 병이 있어서 그렇다면 어쩔 수 없지만, 내 몸이 가벼워야 일찍 출근하고 매장도 돌보면서 변화를 줄 수 있다. 자기관리, 자기절제는 사장의 덕목이다.

나는 먹는 걸 좋아하기 때문에 2, 3kg이 쉽게 늘지만 몸이 무겁다 싶으면 다시 뺀다. 지금도 적정한 몸무게는 유지하며 컨트롤하고 있다. 몸을 마음대로 할 수 있으면 정신력도 강해지는 법이다. 운동을 하든 식이요법을 하든 자신에게 맞는 방법을 찾아내면 된다. 이게 안 된다면 "돈 벌어서 병원에 다 갖다준다"는 소리가 나온다. 장사하고 좀 먹고살 만하니까 병에 걸리더라는 말은 안 나와야 하지 않을까.

장사는 한자로는 '場事', 이익을 남기기 위해 물건을 파는 일을 말한다. 그런데 나는 장사를 '長(길 장)'을 써서 '길게 보고 하는 것'이라고 생각하고 있다. 그저 단순히 이익만 쫓다 보면 장사는 오래 갈 수 없다. 이익을 쫓되 멀리 보는 안목과 지혜를 가진 자만이 성공할 확률이 높다. 멀리 보라는 것은 기다림과 같은 맥락이다. 장사는 기다림, 즉 인내의 결과다. **하루하루 최선을 다하는 마음으로, 참고 견디는 시간이 길수록 장사는 오래갈 수 있다.**

그런데 막상 현실을 보면 당장 하루 먹고살기가 급한 사람들이 더 많다. 그래서 나는 사장은 부등시(不等視)가 돼야 한다고 생각한다. 부등시란 좌우 시력에 차이가 많은 눈을 가리킨다. 한쪽 눈은 원시인데 다른 한쪽은 근시인 눈이 부등시다. 사장은 상황에 따라 멀리 볼 수 있는 눈과 가까이 볼 수 있는 눈을 다 가졌을 때 현재와 미래를 같이 만들어갈 수 있다. 너무 미래만 보면 당장 오늘이 걱정이고, 너무 눈앞의 이익에 초점을 맞추면 오래 갈 수 없다. 두 가지 균형을 맞추어 하루하루 잘 지내면서 미래의 부와 계획까지 이룰 수 있는 안목을 키워야 한다. 오늘 하루 잘 된다고 기뻐하지 말고 오늘 하루 안 된다고 스트레스받지 말고, 눈앞의 손님에게 최선을 다해야 한다. 이 점을 모르면 장사를 쉽게 생각하고 덤비다가 어려움을 겪는다.

장사는 잘 돼도 걱정, 안 돼도 걱정이다. 잘 되면 잘되는 대로 체력적으로 힘겹고 시간적으로 여유가 없다. 장사가 안 되면 당연히 경제적으로 문제가 커진다. 장사를 하면 항상 오늘을 걱정하게 된다. 어제 많은 매출을 올렸어도 막상 오늘이 되면 사장은 오늘의 매출을 걱정해야 한다. 아무리 어제 좋았어도 오늘 매출이 줄어들면 내일은 매출이 더 줄어들 수도 있기 때문이다. 30년 이상 장사를 해온 나 역시 마찬가지다. 장사하는 곳에는 기본적으로 불안하고 초조한 긴장감이 존재한다. 그래서 장사하는 사람은 보이지 않는 스트레스에 항상 노출되어 있고, 몸의 건강도 마음의 건강도 지켜야 한다.

Think it over

멀리 보고 그날그날 매장에 온 한 손님 한 손님 최선을 다해 원하는 것을 만족시키면 100% 성공하는 것이 장사다.

3분 요약 체크– 〈Chapter.3〉 365일 항상성의 법칙

◎ 장사는 365일 오픈이 기본값이다. 가장 중요한 핵심 한 가지만 말하라고 한다면 그것은 "사장은 가게 비우지 말라는 것"이다. 장사하는 사람이 초보일 때는 특히 성실하게 보여야 한다. 그래서 매장이 쉬는 것도 신중해야 한다. 장사는 어찌 됐든지 간에 365일 열려 있는 공간이 있으면 유리하다. 그래야 오래 가는 장사를 할 수 있다.

◎ 사장은 쉬어도 쉬는 게 아니다. 진짜 사장은 놀 수 있어도 놀 수가 없다. 365일 매장을 여는 것을 원칙으로 하고 있어도, 체력을 고려하지 않고 사장이 365일 매일 일할 수는 없다. 사장은 휴무를 일정하게 정해 놓고 쉬어야 한다. 사장이 쉬는 날에 직원 관리가 안 된다면 매장 전체를 하루 닫는 게 나을 수도 있다.

◎ 매장의 휴무에 대한 설득. 직원이 있는데 문을 닫을 때는 명분이 있어야 한다. 직원 없이 혼자 장사하는 1인 매장이라면 고객들도 주 1회 정기휴무에 대해 이해해 줄 것이다. 365일 문을 열 자신이 없다면 주 1회는 문을 닫아도 받아들여질 수 있는 업종을 택해야 한다.

◎ 관리하지 않는 매장은 금방 죽는다. 매장을 찾아오는 손님에는 다양한 유형이 있다. 장사하는 사람들은 매일 다른 사람들과 부딪히면서 참아야 한다. 그러다 보니 멘탈이 약하면 중도에 장사를 때려치우는 사람도 있다. 사장은 평정심을 유지하면서 매일 성실하게 루틴을 지켜야 한다.

◎ 내가 30년간 현장감을 유지한 방법. 장사는 적은 자원으로도 꾸준한

노력을 기울이면 기회를 잡을 수 있는 일이다. 다만 사장이 현장을 장악하고 있어야 한다는 것이 전제조건이다. 인건비로 다 날리고 싶지 않다면 사장은 현장을 통제하고 있어야 한다.

◎ 사장이 대외 활동에 바쁘다면 좋은 걸까? 장사하는 사장은 밖으로 나가는 순간 여러 가지로 잃을 것들이 더 많다. 스스로 원칙을 정하지 않는 이상 사장은 자기관리를 잘 하기가 늘 어렵다. 잘 되는 장사를 오래도록 하는 사람이 많지 않은 이유가 여기에 있다.

◎ 성공할 수밖에 없는 습관을 만든다. 장사하는 사장이 갖춰야 할 자질 중 하나는 성공하는 방법을 습관으로 만드는 능력이다. 사장은 스스로 행동을 관리할 수밖에 없다. 게을러지는 걸 미연에 방지하려면 좋은 습관을 뿌리내리는 것밖에는 방법이 없다. 좋은 습관을 잘 만들어놓으면 모든 일이 쉬워진다.

◎ 루틴의 법칙, 매일 하면 미래가 다르다. 사장으로서 지켜야 할 가장 중요한 습관은 출퇴근 시간이다. 특히 자영업을 하는 사장들은 이게 더욱 중요하다. 처음으로 매장 문을 여는 순간부터 가장 먼저 해야 할 일은 '출근은 제시간에 반드시 한다'라는 원칙을 철저하게 지키고 습관으로 만드는 것이다.

◎ 변함없이 성실한 사장은 주변에서 돕는다. 장사하는 사장은 고객 만족을 위해 변화에 민감하게 대응해야 하는데, 그 변화를 알아차리기 위해서는 항상성을 유지하고 있어야 한다. 휴무일, 휴게시간, 오픈과 마감 시간을 정확히 지키지 못할 거라면 장사를 하지 말아야 한다.

◎ 장사를 오래 하려면 몸과 마음을 지켜라. 장사를 오래 하려면 체력적으로 뒷받침이 돼야 한다. 그래서 사장의 자기관리에는 건강 관리가 중요한 항목이다. 스스로 마음과 몸을 다스리지 못하면서 어떻게 직원의 마음, 고객의 마음을 움직일 수 있겠는가?

내가 심은 나무는
내 생각만큼 자란다.

Chapter. 4

롱런을 위한 변화의 법칙

- 고민하지 않는 사장은 추월당한다
- 장사의 성공 방정식
- 장사의 성패를 가르는 보이지 않는 손
- 경험치가 높아지면 변화의 촉이 생긴다
- 선도할 것인가, 따라갈 것인가
- 트렌드를 캐치하는 법
- 생각을 키우는 뇌훈련

고민하지 않는 사장은 추월당한다

장사를 처음 시작할 때는 어떤 아이템으로 매장을 열까 또는 어느 지역에서 어떤 마케팅으로 사람들을 모아야 할까 고민하느라 몰두한다. 그러다가 다행히 자신이 습득한 기술이 사람들에게 인정받고 단골도 모이기 시작하면 안정권에 접어들 것이다. 이때 초보 사장은 너무나 안심한 나머지 현실에 안주해 도태되거나, 더 크게 키우려고 욕심을 내다가 추락할 위험에 처한다.

장사는 마치 운전과 같다. 운전은 초보 딱지를 떼고 3년쯤 지났을 때 사고를 제일 많이 낸다고 하는데, 장사할 때도 마찬가지다. 초보 사장은 초보 운전 때처럼 아주 조심하지만, 자리 잡고 평균 매출이 안정권으로 유지되면 더 조심해야 할 일들이 생긴다. 어느 순간 '나는 장사 잘해'라는 자신감이 불쑥 올라와서 큰

일을 낼 수 있다. 3년 동안 매출도 올라왔고 경쟁자도 물리쳤고 자리를 잡고 직원들도 안정권에 들었을 때가 가장 조심해야 할 때다. '이제 돈만 주워담으면 돼' 하고 있을 때 사고가 터질 수 있다. 그걸 미리 경계하고 컨트롤을 잘 해야 한다.

초보운전은 내가 갈 길만 보지만, 운전을 잘하는 사람은 방어운전을 한다. 저기 앞에 있는 차가 잘 가다가 혹시 급브레이크라도 밟는다면 내가 방어할 수 있도록 경계해야 한다. 옆에서 언제 뭐가 튀어나올지 모르는 상황을 방지하려면 시야가 넓어야 하고, 옆에서 튀어나온 차가 추월하려고 해도 방어할 수 있어야 한다. 언제 예상치 못한 돌발변수가 튀어나와 진로를 방해할지 아무도 모른다. 장사에도 돌발 상황이 생기는 경우의 수가 언제든 생길 수 있는데, 미리 대비하고 있으면 피할 수 있다. 집주인이 갑자기 월세를 올린다든지, 직원이 갑자기 그만둔다든지, 바로 옆에 경쟁업체가 들어온다든지 여러 가지 변수를 고려해야 한다.

운전을 할 때는 언제든 추월당할 수 있지만, 그래도 교통법규를 지키면서 규정된 속도로 가는 것은 중요하다. 그러나 제 갈 길만 가면 되는 자동차와 달리, 장사는 추월당하면 망한다는 게 문제다. 경쟁할 때 추월당하면 고객들은 우리 가게에는 안 온다. 새로운 곳, 좋은 곳을 가고 싶어 하는 것이 고객의 심리다. 그래서 장사에서는 추월당하기 전에 '어떻게 진화할까'를 생각해야 한다.

10년 동안 무사고운전이니까 내일도 괜찮을 거라는 생각은 위험하다. 오늘 사고 안 났다고 내일도 사고가 안 난다는 보장은 어디에도 없다. 장사도 역시 지금 잘 된다고 해서 '사고 같은 건 안 날 거야'라고 생각하면 당황할 일이 생긴다. 장사하는 사람은 항상 더 나아지는 방법에 대한 고민을 멈추면 안 된다.

나는 장사의 성공 법칙 중에서 가장 중요한 것이 '변화'라고 생각한다. 사장은 일상생활 중에도 변화를 고민하고 실천해야 한다. 이런 변화는 시대 흐름과 주위 환경에 맞게 이루어져야 하고, 고객이 느낄 수 있도록 연속성 있고 지속적이어야 한다. 어떻게 바꿀까? 무엇을 바꿀까? 언제 바꿀까? 나도 늘 고민한다. 다른 업종의 매장도 보러 가고 책도 읽고 뉴스도 보고 현 시대의 소비자에 대한 공부를 하면서, 내가 속한 업종의 변화는 어떤 것이어야 하는지 모색하는 것이다. 그것만이 사라지지 않고 오래 가는 장사를 하는 비결이라고 생각한다.

우리 안경원의 고객들은 이런 말을 자주 한다. "여기는 올 때마다 바뀌는 것 같아요." 안경원은 슈퍼마켓처럼 늘상 방문하는 곳은 아니지만, 동네에 사는 고객들은 오며가며 매장의 변화를 보았을 것이다. 변화는 발전을 의미하기 때문에, 안경을 맞출 일이 있을 때는 '저기로 가야겠다'는 생각으로 자연스럽게 이어질 것이다. 지인들이 하는 안경원에 방문했을 때 몇 년이 지나도록 변화가 없는 모습을 볼 때가 있다. 인테리어를 바꿀 수 없다면 매장의 디스플레이라도 자주 바꿔야 한다. 앉아서 휴대폰만 보지 말고 뭐라도 해야 좋은 기회가 생긴다. 변화는 운을 부르는 시발점이 된다.

초보에서 벗어나 장사가 궤도에 오르면 사장의 게으름과 나태함을 경계해야 한다. 장사가 오래도록 잘 되는 가게의 특징은 변화를 즐긴다는 것이다. 작은 변화를 통해 일의 효율성을 꾀하다 보면 고객 만족에 조금 더 접근할 수 있고, 직원들도 덩달아 노력한다. 시스템을 조금 바꾸면서 고객들에게 건네는 멘트에도 변화를 주면 효과적이다. 항상 똑같이 반복하는 멘트가 매너리즘에 빠지는 원인이 될 수도 있다.

Think it over

장사에서 변화란 에너지원 같은 것이다.

장사의 성공 방정식

사장의 궁극적인 사명은 고객은 물론 직원까지 포함해서 장사와 관련된 모든 사람들을 만족시키는 것이다. 그래서 사장은 직원들을 정확하고 옳은 방향으로 이끌 수 있는 자질이 있어야 한다. 명나라 말기의 유학자 여신오는 "침착하고 말없이 진중한 것이 1등의 자질이고, 호방하고 자잘한 것에 구애받지 않는 것은 2등의 자질이고, 머리 좋고 민첩하며 말을 잘하는 것은 3등의 자질이다"라고 했다. 아이러니하게도 진짜 능력 있는 사람은 자신이 똑똑하다고 생각하지 않으며, 항상 부족하다고 생각한다. 자신이 어떤 자질을 가지고 어떤 유형으로 장사를 하고 있는지 스스로 생각해보면 좋겠다.

보통은 말을 잘하는 것으로 자신은 1등의 자질을 가졌다고 착각하는 경우가 많다. 그저 무난한 능력을 가지고 최고라고 착각한다면 성장할 기회를 얻지 못할 가능성이 크다. 장사를 잘하는 사장은 말 잘하는 사람보다는 매사에 침착하고 말없이 진중하며 사려깊은 사람이다. 자신을 돌아보며 성장하려는 노력을 할 것이며, 세상 변화에 관심을 가질 것이다.

일이 풀리지 않아 '나는 운이 없어'라는 생각이 들 때는 운이 나를 찾아올 수 있도록 작은 변화부터 만들어야 한다. 관심을 가지고 연구하다 보면 변화의 흐름을 감지할 수 있다. 어떤 곳에서 건 조짐이라는 것이 있다. 그걸 포착하는 것이 변화의 시작이다. 변화에 둔감하거나 두려워하거나 귀찮아하는 사람은 장사를 하면 안 된다. 책상에 앉아서 공부만 하거나 사무실에서 내근직만 하던 사람이 장사를 하면 실패 확률이 높은 이유가 그것이다. 큰 조직에 속한 사람일수록 안주하는 경우가 많고, 변화를 적극적으로 도모하거나 즐기는 경우는 드물다.

일본에서 '경영의 신'이라 부르는 이나모리 가즈오 교세라 창업주는 일과 인생 방정식을 다음과 같이 정의했다.

일과 인생 = 능력 × 열의 × 사고방식

이것을 보고 나도 장사의 방정식을 만들어보았다. 장사에 공식이 있다면 사람들이 좀 더 쉽게 기억하고 실천할 수 있을 것 같다.

장사의 방정식	=	성실	×	실력	×	변화력
Sales		Faithfulness		Competence		Change

"S=F2C"

여기서 실력은 선천적인 조건도 포함된다. 타고난 재능, 타고난 비주얼, 타고난 체력과 건강이 이에 해당하는데, 부족한 실력은 업계 최고의 고수를 찾아야 배우는 것으로 보완할 수 있다. 성실은 후천적으로 얼마든지 갖춰나갈 수 있는 조건으로 부지런함, 꾸준함과 평정심, 정직함 등이 해당한다. 변화력에는 도전, 노력, 발전을 위한 새로운 고수 찾기 등이 포함되는 것으로 사장의 마인드에 의해 좌우된다.

영어 약자로 표현하면 '$S=FC^2$'라고 할 수 있다. 수학적으로는 정확하게 맞지만, 쉽게 기억하고 편한 발음을 위해 'S=F2C'로 표현하고자 한다. 이 방정식으로 장사의 성패를 점쳐 볼 수 있는데, 각 항목은 0~100점으로 산정한다. 만약 실력이 80점이고 성실이 10점이면 800이다. 그런데 변화력이 0이면 총점은 0점이 된다. 결국 망한다는 얘기다. 하지만 실력이 10점이고 성실이 50점이면 500이 된다. 변화력에서 10점만 받아도 5,000점이 된다. 결국 3가지 조건이 모두 필요하지만 장사에서 가장 중요한 것은 변화가 없으면 안 된다는 사실이다.

변화를 감지하는 능력을 키우기 위해서는 자기계발에 힘써야 한다. 큰돈 들이지 않고도 자기계발에 투자할 수 있는 방법은 찾아보면 얼마든지 있다. 가장 손쉬운 방법으로 하루에 한 시간은 책을 읽는 습관을 들이기를 권한다. 바쁜데 무슨 책이냐고 하는 사람도 있을 것이다. 그런데 장사든 사업이든 책 읽기는 자기계발의 기본이다. 기본이 되지 않는 사람이라면 절대로 발전할 수 없고 성장할 수 없다.

그리고 책읽기는 반드시 실천하기 위한 것이어야 한다. 그렇지 않으면 머리만 커져서 더욱더 발전하지 못할 수도 있다. 책 읽기 자체도 중요하지만 자신의 일에 적용해보는 습관이 따라야 한다. 그렇게 하면 책 읽는 습관은 내면의 의식 수준을 향상시키는 귀중한 재산이 되고, 장사를 한 차원 높은 경지로 이끌어줄 도구가 될 것이다.

Think it over

지금 당장 시작할 수 있는 가장 작은 투자부터 시작하라.

장사의 성패를 가르는 보이지 않는 손

장사는 신규 고객을 증대하면서 단골 고객을 함께 늘리면 점점 매출을 증가시킬 수 있다. 오늘 왔던 손님이 만족해서 또 오게 되고, 다른 사람에게도 소개해주고 싶어서 입이 근질근질하면 성공이다. 다만 일정 수준의 고객 수로 늘어나기까지는 시간이 걸리는데, 그때까지는 기다림이 일상이다.

장사에는 기다림을 견디는 인내가 필요하지만, 무작정 기다리기만 한다고 해서 성공하는 건 아니다. 오늘 하루를 잘 대처해 나가는 과정이 쌓여야 하는데, 거기에 더해 작은 변화를 시도할 수 있어야 한다. 무작정 기다리는 것보다는 변화를 시도하면서 기다려야 그 인내가 빛을 발한다.

장사의 성공법칙 중 어쩌면 가장 중요한 것은 변화를 생각하

는 일상적인 습관이다. 연속성 있는 변화가 장사를 오래 유지시켜 준다. 장사도 사람이 하는 일이라 우리 매장에 온 모든 손님을 만족시킬 수는 없다. 그런데 매장이 자꾸 변화하는 모습을 보여주면 불만이 있어서 떠났던 손님도 다시 돌아오는 기적 같은 일이 벌어진다.

소비자들은 기본적으로 새로움을 좋아한다. 음식점을 예로 들면 매일 똑같은 메뉴만 먹고 싶지는 않을 것이다. 또 패션과 관련된 매장이라면 늘상 같은 상품이 진열된 곳에 여러 번 가지는 않을 것이다. 사장은 세상의 변화를 감지하고 미래를 예측하고 준비할 수 있어야 한다. 스스로도 변해야 하고, 판매하는 아이템에도 서비스 방식에도 변화를 주어야 한다. 그게 사장의 중요한 역할이다. 꼭 큰돈이 들어가야만 변화가 가능한 것은 아니다. 작은 변화를 시도하다 보면 나중에는 큰 변화도 거리낌 없이 도전할 수 있다. 그 노력이 쌓이면 시간이 지날수록 사업은 발전한다.

무엇을 바꿀까? 어떻게 바꿀까? 언제 바꿀까? **시대의 흐름과 주위 환경에 맞춰 사장은 변화를 항상 연구해야 한다.** 다른 업종의 좋은 사례도 보러 가고 책도 읽고 뉴스도 보고 현시대 소비자에 대해 생각하고 관찰하면서 변화를 모색한다면 사라지지 않고 오래갈 수 있는 장사를 할 수 있다.

사장은 오늘 하루만 생각해서는 안 된다. 세상은 변화를 통해 발전해왔고 앞으로도 그럴 것이다. 그것은 바뀌지 않는 세상의 이치이며, 장사도 마찬가지다. 새로운 시도는 힘들지만 새로운 만족감을 줄 수 있다. 변화를 생각하지 않는 것은 대부분 돈이 들어간다고 생각하기 때문이다. 그러나 큰돈 들여서 크게 바꾸는 것만 변화는 아니다. 작은 변화에 익숙하고 그걸 습관적으로 시도하는 사장은 거리낌 없이 도전할 수 있고, 그게 쌓이면 큰 변화를 만들어낸다.

나는 안경원에서 고객들을 상담하고 처방하는 방식도 자주 바꾸는 편이다. 작은 변화를 통해서 일의 효율이나 고객 만족에 더 일상적으로 접근할 수 있고 직원들도 나태해지지 않게 관리할 수 있다. 시스템을 조금씩 바꾸고 고객들에게 하는 멘트에도 변화를 준다. 항상 똑같은 시스템은 사장이나 직원을 게으르게 만들고 매너리즘에 빠지게 한다. 사장은 게으름과 나태함을 멀리하기 위해 변화를 계속 시도해야 한다. 변화를 즐기는 것, 그것이 장사가 잘 되는 곳의 특징이라고 생각한다.

"여기는 올 때마다 바뀌는 것 같네요"라는 고객의 말은 매장이 살아서 움직인다는 뜻이 된다. 10년 가까이 지나도 변화가 없는 매장이 있다. 인테리어를 바꿀 수 없다면 디스플레이라도 매주 바꾸면 효과를 볼 수 있다. 손님 없다고 앉아서 졸지 말고 늘상 움직이며 변화를 시도해야 좋은 기운이 생긴다.

변화는 좋은 기운의 시발점이다. "나는 운이 없어"라고 탓하지 말고 운이 나를 찾아오는 변화를 만들고 공부해야 한다. 어떤 곳이든 변화가 필요한 지점을 찾을 수 있다. 그 하나부터 시작하는 것이다.

변화에 둔감하거나 싫어하는 사람은 사장을 하면 안 된다. 평상시 자신을 돌아보고 변화를 두려워하거나 귀찮아하거나 싫어하는 사람이라면 괜히 돈 쓰면서 장사에 뛰어들 필요가 없다. 누구나 장사하면 다 성공할 수 있는 것이 아니다. 책상에만 앉아서 일하던 사람이 장사를 하면 성공률이 낮은 이유는 변화를 감지하는 능력이 떨어지기 때문일 것이다. 큰 조직에 있는 사람일수록 변화를 능동적으로 만들어내는 사람은 많지가 않다.

Think it over

변화는 작은 것에서 시작된다. 그것을 습관화하면 기회를 만들어갈 수 있다.

경험치가 높아지면 변화의 촉이 생긴다

장사를 오래 하면 반은 점쟁이가 된다는 말이 있다. 그것은 '촉'이 빠르다는 뜻이다. 고객을 응대하는 동안 대화를 통해 마음속 생각을 읽을 수 있다. 외모를 통해서 짐작하기도 하지만 행동은 마음에서 나오기 때문에 촉이 있으면 언어적 또는 비언어적 요소들을 캐치한다. 장사하는 사람이 촉이 빠르면 주머니에 돈이 얼마 있는지까지 잡아낸다. 요즘은 카드로 결제하니까 덜한데 현금 결제를 하던 시절에는 대화를 해보면 파악할 수 있었다. "우와, 다 털렸네. 돈 있는지 어떻게 알았어요? 대단하다" 하고 가는 사람도 있다.

촉이 빠른 사람은 상대방의 목소리, 냄새, 형체, 액션을 통해 그 사람의 기, 에너지를 느낀다. 나보다 기가 센 사람을 만났을 때 마음을 얻는 방법, 기가 약한 사람을 만났을 때 마음을 얻는 방법 등을 터득해야 한다.

촉은 다른 말로 하면 통찰력이며, 미래를 볼 수 있는 감각, 힘이다. 장사하는 사람의 촉은 두 가지가 있어야 한다. 고객에 대한 촉과 매장에 대한 촉이다. 매장에 대한 촉이 있는 사람은 변수를 생각하며 수시로 긴장한다. 경쟁자가 언제 나타날지 캐치할 수 있으며, 매장에 어떤 변화를 줄지 감각적으로 감지한다. 촉이 빠른 사람은 미리미리 준비하고, 촉이 느린 사람은 뒤통수를 맞고 그제서야 대비한다.

미래를 점치는 통찰력은 하루아침에 키워지지 않는다. 힘이 없는 통찰력으로 내다보고 예측했다면 사고가 날 수 있다. 어떻게 변할까 고민하면서 공부도 하고 예민하게 세상을 지켜봐야 한다. 먹고살기도 바쁜데 장사를 잘하기란 참 힘들다.

이세돌을 이겼던 알파고 같은 AI는 과거의 데이터를 가지고 수를 예측할 수 있다고 한다. 그러나 사람만이 미래에 다가올 시간을 예측해서 데이터를 뛰어넘는 예상을 할 수 있다. 과거 데이터는 참고만 할 뿐 미래에 대한 결론을 내리는 데에는 촉이 발휘되는 것이다.

미래에 어떻게 바뀌어야 하고 다음 수를 어떻게 해야 할지 고민하는 사람이라면 발전이 있을 것이다. 그게 없다면 그 상태로 그냥 멈추는 것이다. 나는 작게는 3개월에 한 번, 크게는 1년에 한 번 내 외관적인 작은 변화를 준다. 특히 안경은 패션의 범주 안에 들어가는 제품이라서 변화는 필수적이다.

장사에서 통찰력은 '어떻게 고객을 더 만족시킬까' 고민하는 과정에서 발휘되는 것이다. 장사를 처음 시작할 때 실력, 즉 기술은 사실 거기서 거기다. 변화에 관심을 갖고 실천하는 것이야말로 진짜 실력이다. 그래서 사장은 싫증을 잘 내는 사람이어야 한다. 그래야 변화에 관심을 갖는다. 그대로 하는 게 편하니까 바꾸려고 하지 않는 것이 인간의 본성인데, 직원이면 몰라도 사장은 그러면 안 된다.

경험치라는 데이터가 충분하게 많이 쌓였을 때 직관력은 날카롭게 발휘된다. 사장은 현장에서 직접적인 경험을 많이 쌓아서 몸과 정신에 데이터를 축적해 놓아야 한다. 한 마디로 초보 사장은 무조건 열심히 하면서 경험치의 양을 늘리는 것이 비결이다. 과거 데이터가 많아야 패턴을 읽어낼 수 있다. 자기 인생의 패턴을 볼 수 있다면 시대의 패턴을 읽는 연습도 될 것이다. 나의 경우에는 인생을 돌아봤을 때 20년 주기로 패턴을 가지고 움직인다는 깨달음이 있었다. '내가 이런 패턴으로 살아왔구나' 하고 생각이 들자 미래가 점쳐졌다. 시대의 패턴이 내 인생의 패턴과 안 맞는 경우도 있는데, 두 가지가 딱 맞으면 대박을 만날 수 있다. 그 패턴은 5년 주기일 수도 있고 10년 주기일 수도 있다.

젊었을 때는 내 인생의 패턴을 읽지 못한다. 20대, 30대는 따지고 재지 말고 무조건 전력을 다해서 열심히 일하는 것만이 답이다.

잘 되면 좋고 안 되면 수정해가면 된다. 시행착오를 겪으면서 인생을 살다 보면 10년, 20년, 30년을 지나고 인생 50일 때는 직관력이 발휘될 것이다. 어느 50대 사장은 3만 명 고객을 만나는 데 20년이 걸렸다면, 이걸 10년 만에 달성한 사장은 40대에도 직관력이 생길 수 있다.

직접적인 경험 외에도 간접적인 경험을 쌓는 노력도 필요하다. 여기서 핵심은 책읽기다. 결국엔 자꾸 생각하고 공부하는 수밖에 없고 뇌로 들어가는 인풋을 늘려야 한다. 세상의 흐름은 책을 통해서 읽고 내 인생의 패턴은 자기관리를 통해서 파악한다. 주의할 점은 간접경험만 너무 많으면 머리만 커진다는 것이다. 머리와 몸이 조화로운 상태가 되려면 현장에서 직접 부딪쳐서 얻는 경험이 탄탄한 토대가 돼야 한다.

인생은 길게 봐야 하고 장사는 오래 해야 한다. 결국에는 나중에 성공한 사람, 나중에 이기는 사람이 승자인 것이다. 지금 잘 나간다고 우쭐댈 이유는 없다. 나이 들어서 장사의 완성도를 높였을 때 고수가 되어 있어야 성공이다. 주식도 지금 얼마 벌었냐를 따지는 것이 아니라 연간 수익률을 따져서 실력을 인정해주는 것과 같다.

Think it over

통찰력, 직관력은 데이터를 쌓는 노력을 통해 갈고닦을 수 있다.

선도할 것인가, 따라갈 것인가

이 책의 서두에서 장사의 형태를 5가지로 분류했는데, 그중 조제 과정이 있고 가격 흥정이 가능한 장사를 중심으로 공부하면 모든 장사 형태에 통달할 수 있다. 그게 내가 예시로서 안경업을 이야기하는 이유다. 안경은 가격 흥정이 가능하기 때문에 고객의 마음을 읽어야 하고, 저가부터 고가까지 제품의 범위가 다양하며, 패션의 범위에 속하기 때문에 자주 변화를 주어야 한다. 또한 상담 이후에 조제 과정이 들어가기 때문에 기술력 또한 좋아야 고객의 신뢰를 얻을 수 있다. 가장 어려운 장사 형태인 안경업을 제대로 이해하면 흥정 없이 정찰제로 팔고 가격이 저렴한 장사의 형태는 쉽게 터득할 수 있다.

예를 들어, 음식점의 경우는 흥정이 없고 직원관리도 복잡하지 않다. 음식점에서 직원은 서빙 같은 단순 업무를 하기 때문이다. 사장은 주방 일을 잘 지켜서 맛있게만 만들어내면 돈을 벌 수 있다. 여기에 더해 레시피만 잘 보호하면 된다. 한 번 음식점을 크게 해서 성공한 사람은 다시 개업을 해도 규모를 크게 해서 돈을 많이 번다. 음식점으로 돈 버는 방법을 습득했기 때문이다.

처음부터 장사의 법칙을 알고 하진 않았을 테지만, 몇 개를 하다 보면 성공법칙이 몸에 체화된다. 그러다 보니 요령을 알게 되어 음식점을 기업화해서 크게 버는 사람도 많다. 그렇게 체화된 법칙을 습득하려면 매장을 운영할 때 많은 시도를 해보는 것이 중요하다. 제품의 구성도 자주 바꿔보고, 시스템이나 고객관리도 새롭게 도입해보며, 소소하게 간판이나 인테리어도 바꿔본다. 며칠씩 매장 문을 닫고 뜯어고치지 않아도 냅킨을 바꾼다든가 앞치마를 바꾼다든가 메뉴판을 바꾸는 등의 다양한 시도를 해봐야 먹히는지 안 먹히는지 체득할 수 있다.

성공하는 시도도 있을 것이고 실패하는 시도도 있겠지만, 사장은 빠르게 의사결정을 할 수 있기 때문에 안 되는 것 같다 싶으면 바로 폐기하고 다시 변화를 주면 된다. 그래야 싫증을 잘 내는 고객들에게 매장이 새로움을 계속 줄 수 있고, 장사도 발전하고 성장할 수 있다. 사장이 매장에 변화를 주는 시도를 습관화하면 10년, 20년이 지난 후에는 눈에 보이는 엄청난 성과로 나타날 것이다. 출근 시간과 매장의 변화는 사장이 꼭 지켜야 할 두 가지 루틴이다.

다양한 시도를 하다 보면 의도치 않아도 우연히 성공하는 일도 생긴다. 한마디로 어쩌다 운이 좋아서 생긴 일이다. 그런데 이런 우연이 또 반복될 때는 주목해야 한다. 한 번 잘되면 재수가 좋은 것이고, 두 번 잘 되면 우연이지만 세 번째부터는 패턴이 되고, 그게 성공법칙이 된다. 이때부터는 시대적 흐름만 놓치지 않는다면 시도하는 대로 사업을 활성화시키는 마이더스의 손이 될 수 있다.

장사가 어느 정도 자리를 잡으면 시대적 변화를 반영해 제품군도 바꾸고 매장 분위기도 전환하며 고객 응대나 시스템도 개선하는 꾸준한 노력을 해야 한다. 그런데 사장은 트렌드를 파악하되 너무 앞서나가면 안 된다. 특수한 경우를 제외하고는 굳이 모험을 할 필요가 없다.

돈이 있어서 굳이 싼 걸 찾아다니지 않는 부자 고객들은 가격보다는 남들이 안 쓰는 걸 사려고 하는 경향이 있다. 그런 사람들을 타깃으로 한 매장이라면 누구보다 트렌드를 선도해 앞서나가야 한다. 그렇지 않고 외곽에 있는 매장이라면 아무리 그 동네에서 가장 잘나가는 곳이라 해도 먼저 앞서갈 필요가 없다. 보통 수준의 흐름이라는 것이 있기 때문에 유행을 선도하는 곳에서 외곽으로 퍼지는 데 6개월~1년은 걸린다. 대부분의 매장은 유행을 선도하는 것보다 따라가는 게 오히려 편하다. 트렌드를 너무 빨리 읽어서 앞서가는 것도 실패 요인이 될 수 있다. 잘 살펴보고 있다가 좇아가는 것이 오히려 현명한 선택이 될 수 있다. 굳이 시행착오를 할 필요는 없으니까 말이다.

내가 안경 제조사 외무 영업사원에게 자꾸 동향을 물어보는 것은 트렌드를 따라가기 위해서다. 굳이 앞서나가면 무모한 도전이 되지만 따라가면 효율적이다. 내가 그 분야에 엄청난 흥미를 가진 마니아가 아닌 이상은 선도자가 될 필요는 없다. 대신에 축은 항상 세우고 있어야 한다. 어떤 트렌드를 따라갈 것인지는 내가 결정해야 한다. 그러기 위해서는 동향이 어떻게 바뀌고 있는지는 잘 알고 있어야 한다. 결국 사장이 할 일은 어느 타이밍에 트렌드 선도자가 하는 걸 나에게 가져올지 판단하는 것이다.

Think it over

트렌드에 따르지 않더라도 사장은 트렌드를 알고 있어야 한다.

트렌드를 캐치하는 법

장사의 목표는 롱런이 돼야 한다. 매장을 바꾸는 일은 돈이 들어간다고 생각해서 결심하기 쉽지는 않다. 그러나 우리 몸이 움직일 동력을 얻으려면 밥을 먹어서 에너지를 만들어야 하듯이, 매장에도 변화라는 새로운 에너지가 수시로 공급돼야 한다. 이것은 꾸준히 고객 수와 매출을 유지하면서 오래 장사할 수 있는 비결이 된다. 우선은 사계절의 변화만 미리 반영을 해줘도 변화의 효과를 톡톡히 볼 수 있다. 큰돈 들이는 인테리어 공사는 10년마다 한 번씩 바꾸는 것을 권하고 싶다.

트렌드를 선도할 필요는 없다고 했지만 그렇다고 뒤처져서도 안 된다. 특히 사장은 매장에 적용하는 것과 별개로 트렌드를 빨리 캐치해야 한다. 안경은 패션 범주 안에 있기 때문에 나는 일부러 백화점에 가보고 변화를 느낀다. 자주 가봐야 변화를 바로 알 수 있는데, 타 업종에서 어떻게 트렌드를 바꿔가는지 지켜보는 것은 중요한 일이다. 내가 백화점을 다니면서 보는 것은 안경이라기보다는 옷가게들이다. 거기에 걸려 있는 신상품들을 보면 그해 유행하는 컬러를 캐치할 수 있다. 유행과 트렌드를 선도하는 업종에서 핫한 것이 무엇인지 확인하는 것이다. 예를 들어 올해 만약 베이지가 유행하면 옷들도 비슷하게 나온다. 패션 디자이너들이 만들어내는 유행을 같이 공유할 수 있고, 안경에도 재빠르게 접목시킬 수 있다.

업종을 불문하고 잘 되는 집이 있으면 왜 잘 되는지 나는 직접 가보곤 한다. 고객들이 왜 반응하는지, 어떤 상품과 서비스가 이뤄지는지 경험해봐야 알 수 있다. 핫하고 트렌디한 곳에 가면 우리 매장에 적용할 부분이 있는지도 확인한다.

트렌드를 제대로 캐치하기 위해서는 자꾸 보고 경험하고 접하면서 트레이닝을 해야 한다. 그렇다고 장사에 바쁜 사람이 백화점 같은 곳만 쫓아다니며 모든 걸 구할 수는 없으니까 간접적인 경험으로 채우는 것도 중요하다. 트렌드는 책이나 신문을 통해서도 알 수 있고 거래처 영업사원들과 대화하면서 캐치할 수도 있다. 업계의 가장 빠른 소식통은 영업사원이다. 물건을 직접 팔기 때문에 젊은 영업사원들은 트렌드에 관심이 많고 민감하게 캐치한다. 그 능력이 특히 출중한 사람들과 평소에 친하게 지내면서 늘상 묻는 것이다. "요즘 뭐가 잘나가?"

장사한다고 매장 안에서만 일하다 보면 바깥 세상 돌아가는 걸 잘 모를 수 있다. **직접 돌아다닐 수 없을 때는 영업사원에게 자문을 구하는 게 가장 효과적이다.** 전국을 다니는 사람들이라 촉이 빨라서 우리 매장에 부족한 점이 뭐가 있는지 자문을 구하기도 한다. 영업사원들을 통하면 경쟁사 내지는 업계가 어떤 유행을 따르고 어떤 트렌드를 내세우는지 해외 사례까지 다 알 수 있다.

또 한 가지는 단골 고객 중에 마니아 성향을 가진 사람을 살펴보는 것이다. 유행을 빨리 타는 사람이 먼저 찾는 것이 무엇인지 잘 봐야 한다. 그 사람들이 문의하는 브랜드, 신상품 등은 흘려듣지 말고 잘 캐치해 놓는다. 안경만 해도 실용적인 목적으로 쓰는 사람도 있지만 여러 개를 맞춰놓고 패션으로 쓰는 사람도 있기 때문에 그들을 잘 살피면 된다.

간혹 가다 찾는다면 몇몇 사람의 취향이겠지만, 찾는 빈도수가 빈번해졌다면 때가 왔다고 감지해야 한다. 예를 들어 어느 고객이 화이트 톤이 유행이라며 찾길래 한두 장 들여놓았다. 그런데 다른 고객들도 자꾸 와서 화이트 톤을 찾으면 느껴야 한다. '아, 유행이 이쪽으로 가고 있구나.' 이때는 사입(仕入) 양을 늘려야 한다. 찾는 사람이 적으면 세팅용으로 몇 장 놔두지만 트렌드가 바뀌었다면 구색이 확 늘어야 한다.

사실 안경이 트렌드에 아주 민감한 제품은 아니다. 선글라스는 좀 더 패션 아이템에 가까우니까 예외성이 있지만, 그렇다고 빠르게 바뀌지는 않는다. 패션 쪽은 어차피 유행이 공유되기 때문에 옷가게에서 트렌드를 파악하면 안경에도 접목시킬 시간은 충분하다. 또 그 유행은 돌고 돌아서 둥근 안경테가 유행하다가 사각으로 유행이 바뀌면서 회전한다. 안경테 재질도 메탈이 유행했다가 뿔테로 갔다가 자꾸 회전한다는 패턴을 파악하고 있으면 트렌드를 캐치하는 건 더 쉬워진다.

Think it over

트렌드를 파악하는 능력은 직접적, 간접적 체험을 통해서 단련된다.

생각을 키우는 뇌훈련

사장은 장사의 준비부터 시작해서 문 닫고 마무리하기까지 매일 반복해야 하는 루틴이 있다. 예를 들어 칼국수 전문점을 한다면 오늘 마지막 손님을 보내고 설거지와 청소를 끝냈어도 바로 퇴근할 수는 없다. 내일 쓰기 위한 칼국수 반죽을 만들고 냉장 숙성을 해놓아야 비로소 할 일이 마무리된다. 매일 겉절이를 무친다면 배추도 손질해놔야 한다. 그런데 쉬고 싶고 편안해지고 싶은 게 인간의 어쩔 수 없는 본성이라, 그걸 매일 해내는 것은 쉬운 일이 아니다. 게다가 세상의 변화를 반영하려면 항상 똑같은 칼국수 반죽만 만들고 있을 수는 없다. 밀가루를 잘 소화시키지 못하는 손님을 위해 반죽에 시금치를 넣는다든지 비트를 넣는다든지 새로운 시도를 할 수 있어야 한다.

장사 일이 익숙해진 어느 순간부터 자기도 모르게 편한 쪽으로 흘러가려고 하는 것이 인간이다. 그러나 사장은 편한 것만 찾고 있을 수만은 없다. 성공하는 사장은 생각을 키우는 훈련을 할 수 있어야 한다. 한 곳에만 머물러 있는 사람은 세상의 변화에 올라탈 수 없고 결국 도태되고 만다. 1단계의 성공이 있었다 해도 계속해서 새로운 목표를 상상해낼 수 있을 때 성장이 있는 것이다. 현실에서 아직 이루어지지 않은 일도 머릿속으로는 그릴 수 있어야 미래가 있다.

대부분의 사람들은 학교를 졸업하는 것과 동시에 공부를 하지 않는다. 주위 사람들에게 1년에 책을 몇 권 읽는지 물어보면 거의 읽지 않는다는 사람이 많다. 트렌드를 파악하고 미래를 통찰하는 사고력을 키우기 위해서는 지속적인 외부 자극이 필요한데, 그중 가장 얻기 쉬운 것이 독서를 통한 정보다. 내가 보기에는 성공을 바라는 사람들이 반드시 해야 할 것 중에 하나가 독서다.

생각이라는 뜻의 한자 '사(思)'를 살펴보면 생각은 마음의 밭이다. 그 마음의 밭에 생각의 씨를 뿌려야 열매가 맺힌다. 생각의 씨를 뿌려놓으면 더 좋은 생각, 즉 아이디어가 생긴다. 생각하지 않는 삶은 정체된 삶이다. 정체되면 고립되고 오염되어 결국엔 썩어서 없어진다. 그건 살아 있는 삶이 아니다.

생각은 뇌에서 이루어지니 생각을 키우기 위해서는 뇌를 자극하고 활성화시켜야 한다. 장사하는 사람은 몸만 쓰면 된다고 생각하는 사람도 많은데, 그렇지 않다. 생각은 곧 경쟁력이고 차별화다. 남다른 생각은 깊이 있는 사색을 통해서 사물의 이치를 통찰하는 데에서 나온다. 생각을 깊이 하다 보면 꼬리에 꼬리를 물고 차원이 다른 생각을 하게 된다. 이런 생각의 힘을 가지고 있는 사람들이 의외로 드물다. 그 얘기는 곧 내가 생각을 키우는 뇌훈련을 하면 남다른 경쟁력을 가질 수 있다는 뜻이다.

이런 **생각 훈련을 시작할 수 있는 마중물이 책읽기다.** 우리 매장의 젊은 직원들을 보면 책을 가까이 하는 사람이 많지 않다. 책을 읽으면 나보다 더 많은 것을 알고 있는 사람에게서 새로운 지식을 얻고 다른 관점의 생각을 엿봄으로써 뇌를 자극할 수 있다. 이것은 생각의 차원을 올릴 수 있는 좋은 조건이다.

책을 꾸준히 읽는다는 건 막상 해보면 잘 안 된다. 그래서 나는 서점에 자주 갈 것을 제안한다. 책에 자주 노출되면 눈에 띄는 것들이 있고 책을 사게 된다. 또 집이든 가게든 책을 가까이에 두는 것만이라도 습관화하면 좋다. 가까이에 있으면 언젠가는 그걸 읽게 된다. 책을 사면 처음부터 다 읽어야 한다는 부담은 내려놔도 좋다. 중간이어도 관심이 가는 부분부터 읽는 것이 습관을 들이는 좋은 비법이다. 이렇게 습관이 되면 언젠가는 한 권의 책을 빨리 읽을 수 있다.

뇌를 최대한으로 활용하려면 술, 담배를 끊고 좋은 컨디션을 유지해야 하며, 뇌에 산소와 영양분을 공급해줄 수 있는 양질의 음식을 먹어야 한다. 나의 경우에는 가공식품을 피하고 아침저녁만 먹고 점심은 건너뛰는 간헐적 단식을 한다. 또한 몸이 무겁고 컨디션이 좋지 않으면 하루 24시간 동안 곡기는 물론 물 한 방울도 마시지 않는 극단적인 단식을 하기도 한다. 속을 비우면 뇌가 가장 최적화되고 업그레이드된다고 한다. 배가 부르면 잠이 오는 이유는 소화를 위해 위로 혈액이 몰리면서 뇌로 가는 혈류가 줄어들기 때문이다.

책읽기와 함께 꼭 추천하고 싶은 것은 명상이다. 24시간 단식 후에 명상을 하면 호흡할 때 단전까지 숨이 깊이 들어가기 때문에 명상의 질이 높아진다. 명상을 통한 생각은 고요해서 자신과의 대화가 원활해진다. 내면의 세계에서 많은 생각을 하고 평화로워지면서 자신의 문제점과 해결책을 동시에 찾아낼 수 있다.

명상이라 하면 스님이나 신부님, 즉 종교인들이 하는 특별한 것으로 인식하는 경향이 있는데, 처음에는 막연해서 어렵다는 생각이 들지만 사실 아무나 할 수 있다. 방석에 앉아서 60분 동안 앉아만 있는 연습을 해보자. 처음 30분은 다리에 쥐도 나고 지겹고 온몸이 쑤시고 아플 것이다. 그러나 턱을 당기고 가슴에는 힘을 빼고 등을 편 다음 깊은 호흡에 의식을 집중해본다. 잡생각을 처음부터 떨치기는 힘들겠지만 점차 그 고요함을 좋아하게 될 것이다.

책읽기와 명상은 한 세트로 병행하면 효과가 훨씬 높다. 두 가지 모두 꾸준히 하면 맑은 생각이 일어난다. 나는 이것이 장사를 할 때 미래를 볼 수 있는 혜안으로 작용하는 경험을 했다. 아무리 뛰어난 기술력과 자본이 있다 해도 생각이 발전할 수 없다면 더 이상 성장하지 못하고 멈추게 될 것이다.

Think it over

생각을 맑게 유지하려면 책읽기와 명상을 세트로 해볼 것을 권한다.

3분 요약 체크- 〈Chapter.4〉 롱런을 위한 변화의 법칙

◎ 고민하지 않는 사장은 추월당한다. 자신이 습득한 기술이 사람들에게 인정받고 단골도 모이기 시작하면 장사는 안정권에 접어들 것이다. 이때 초보 사장은 너무나 안심한 나머지 현실에 안주해 도태되거나, 더 크게 키우려고 욕심을 내다가 추락할 위험에 처한다. 장사하는 사람은 항상 더 나아지는 방법에 대한 고민을 멈추면 안 된다. 장사의 성공 법칙 중에서 가장 중요한 것이 '변화'라고 생각한다.

◎ 장사의 성공 방정식. 변화에 둔감하거나 두려워하거나 귀찮아하는 사람은 장사를 하면 안 된다. 큰 조직에 속한 사람일수록 안주하는 경우가 많고, 변화를 적극적으로 도모하거나 즐기는 경우는 드물다.

장사방정식 (Sales) = 성실 (Faithfulness) × 실력 (Competence) × 변화력 (Change)

S = F2C

성실, 실력, 변화력이 모두 필요하지만, 장사에서 가장 중요한 것은 변화가 없으면 안 된다는 사실이다.

◎ 장사의 성패를 가르는 보이지 않는 손. 장사에는 기다림을 견디는 인내가 필요하지만, 무작정 기다리기만 한다고 해서 성공하는 건 아니다. 무작정 기다리는 것보다는 변화를 시도하면서 기다려야 그 인내가 빛을 발한다. 소비자들은 기본적으로 새로움을 좋아한다. 작은 변화를 시도하다 보면 나중에는 큰 변화도 거리낌 없이 도전할 수 있다. 그 노력이 쌓이면 시간이 지날수록 사업은 발전한다.

◎ 경험치가 높아지면 변화의 촉이 생긴다. 장사를 오래 하면 반은 점쟁이가 된다는 말이 있다. 그것은 '촉'이 빠르다는 뜻이다. 촉은 다른 말로 하면 통찰력이며, 미래를 볼 수 있는 감각, 힘이다. 장사에서 통찰력은 '어떻게 고객을 더 만족시킬까' 고민하는 과정에서 발휘되는 것이다. 나이 들어서 장사의 완성도를 높였을 때 고수가 되어 있어야 성공이다.

◎ 선도할 것인가, 따라갈 것인가. 사장은 빠르게 의사결정을 할 수 있기 때문에 안 되는 것 같다 싶으면 바로 폐기하고 다시 변화를 주면 된다. 그래야 싫증을 잘 내는 고객들에게 매장이 새로움을 계속 줄 수 있고, 사장이 할 일은 어느 타이밍에 트렌드 선도자가 하는 걸 나에게 가져올지 판단하는 것이다.

◎ 트렌드를 캐치하는 법. 장사의 목표는 롱런이 돼야 한다. 우리 몸이 움직일 동력을 얻으려면 밥을 먹어서 에너지를 만들어야 하듯이, 매장에도 변화라는 새로운 에너지가 수시로 공급돼야 한다. 이것은 꾸준히 고객 수와 매출을 유지하면서 오래 장사할 수 있는 비결이 된다. 트렌드를 제대로 캐치하기 위해서는 자꾸 보고 경험하고 접하면서 트레이닝을 해야 한다.

◎ 생각을 키우는 뇌훈련. 성공하는 사장은 생각을 키우는 훈련을 할 수 있어야 한다. 한 곳에만 머물러 있는 사람은 세상의 변화에 올라탈 수 없고 결국 도태되고 만다. 생각을 키우는 뇌 훈련을 하면 남다른 경쟁력을 가질 수 있다는 뜻이다. 생각 훈련을 시작할 수 있는 마중물이 책 읽기이고, 책 읽기와 함께 꼭 추천하고 싶은 것은 명상이다. 아무리 뛰어난 기술력과 자본이 있다 해도 생각이 발전할 수 없다면 더 이상 성장하지 못하고 멈추게 될 것이다.

내가 심은 나무는
내 생각만큼 자란다

Chapter. 5

위기관리의 법칙

- 시야는 넓게, 판단은 빠르게
- 소나기가 오는데 비를 안 맞을 순 없다
- 세상이 변화할 때 적응하는 법
- 작은 실패를 밑거름으로 삼는 법
- 장사의 성공 비결은 마음 다스리기
- 사장은 맛없는 식당 밥도 먹을 수 있다
- 영업사원에게 절대 갑질하지 마라
- 좋은 기운과 에너지를 모으는 법
- 과도한 욕심과 열정은 다르다
- 성공했을 때 나태함을 경계하라

시야는 넓게,
판단은 빠르게

"저는 머리가 나빠서 잘할 수 있을지 모르겠어요"라는 말을 하는 사람이 있다. 그런데 공부 머리와 장사 머리는 다르다. 공부는 IQ가 높아야 잘하지만 장사 머리는 그렇지 않다. 어른도 공부를 하고 책을 읽고 뇌에 자극을 받으면 머리가 발달된다.

공부 머리가 좋다고 해서 모두 장사를 잘하는 건 아니다. 공부는 나만 잘하면 되지만, 장사는 남을 알아야 하기 때문에 그만큼 어렵다. 어쩌면 더 고차원적인 공부라고 할 수 있다. 남의 마음을 잘 알고 움직일 수 있어야 장사를 잘할 수 있다.

그런데 사람은 자기 마음조차 컨트롤하는 것이 쉽지만은 않다. 남을 알기 전에 사실은 나를 잘 알고 컨트롤할 수 있는 사람이 돼야 한다. 교육 분야에서도 메타인지의 중요성이 부각되고 있는데, **주변에서 장사에 성공한 사람을 보면 확실히 자신의 장점과 약점을 잘 인지하고 있다.** 자신을 잘 아는 사람은 고수에게 기술과 태도를 배울 때도 빠르게 노하우를 습득하면서도 자기화함으로써 새로운 걸 만들어내는 경우가 많다.

독서를 할 때도 이런 능력은 발휘된다. 나도 책을 읽으면 맞는 말이다 싶으면 줄을 그어놓는다. 그런데 나에게 맞는 말이 아니면 나는 적용을 하지 않는다. 맞는 말이라 해도 내 업에 맞는지 깊이 있게 고민해봐야 한다. 읽어보면 좋은 말인데 나한테는 안 맞는다면 무조건 따라하면 안 된다. 장사의 규모가 커지면 같은 말이라도 해석이 달라진다. 연 매출 1억 원일 때와 5억 원일 때의 상황은 다르다. 그래서 내 규모가 커지면 커지는 대로 거기에 맞게 다시 책을 찾아서 읽어야 한다. 그전에는 나한테 안 맞다고 했던 내용이 나에게 맞을 수도 있다. 영원한 진리는 없다. 상황은 언제든 바뀔 수 있다.

초보 사장이 기술력을 확보하고 무탈하게 장사가 잘 되고 있다면 정말 기쁜 일일 것이다. 그런데 그 잘 되는 상태가 지속되지 못하고 무너지는 경우가 참 많기 때문에 대비해야 한다. 처음에 세팅한 대로 10년, 20년 계속 가면 좋겠지만, 위기의 순간은 자주 찾아온다. 트렌드가 바뀌었는데 사장이 파악하지 못하고 도태될 수도 있고, 아직 자리잡지 못한 매장인데 SNS에 악평이 올라와 고객을 만날 기회를 빼앗길 수도 있다. 또는 거짓말을 하면서 억지를 부리는 진상 고객들에게 지쳐 사장이 장사를 포기할 수도 있다.

자동차 운전을 할 때는 똑같은 도로를 달려도 어떤 날은 막히지 않고 씽씽 달리고 어떤 날은 막혀서 기다리면서 가야 한다. 장사도 이처럼 여러 가지 변수가 있기 때문에 항상 일정할 수는 없다. 장사에서 운전대를 잡은 주인공은 사장이다. 이때 운전자인 사장은 어느 차선이 밀리는지 무엇 때문에 밀리는지 옆에 어떤 차가 있는지 앞에 어떤 차가 있는지 다각도로 살피면서 운전해야 한다. 장사하는 사장은 상황에 따른 빠른 판단을 할 수 있는 능력이 필요하다. 이때 예리한 판단력이 있는 사람은 순간적인 감각으로 앞으로 신속히 전진할 수 있다.

아프리카에 사는 사자를 생각해보자. 평상시에는 드넓은 초원을 여유롭게 거닐다가 먹잇감이 나타나면 잽싸게 달려가 번개같이 잡아챈다. 언제, 어떻게 움직여야 하는지 정확하게 알고 먹잇감이 정해지면 쏜살같이 달려간다. 그때 그 사자는 그 먹잇감에만 집중한다. 또한 **사자는 무리를 쫓더라도 그 속에서 딱 한 마리에만 집중한다.** 그 찰나의 순간에 자기가 가지고 있는 모든 힘을 다해 하나의 목표물에만 집중한다. 장사하는 사장도 그래야 한다. **현재의 상황을 전체적으로 볼 수 있는 넓은 시야를 가지고 하나의 목표에 악착같이 집중해야 한다.** 사자처럼 목표물이 나타나면 악착같이 획득하는 것이다.

그렇지 않으면 장사에서 살아남을 수 없고 그냥저냥 먹고사는 정도에 불과할 것이다. 벼랑 끝에 매달려 밧줄을 잡고 있다고 생각해보자. 젖먹던 힘까지 사용해서 살기 위해 발버둥치는 것, 그 정도의 악착은 있어야 한다. “저 사람 참 독하다. 저게 사람이냐. 어떻게 저렇게 하냐.” 이런 소리를 많이 들을수록 장사에서는 성공 확률이 높아진다. 그 정도 각오가 없다면 그냥 보통의 봉급자로 살아가는 게 좋다.

악착은 적절한 타이밍에 자기가 할 수 있는 최고의 힘을 집중하는 것을 말하며, 집착과는 다르다. 집착은 아무 생각 없이 그저 한 가지에만 집중하는 것이다. 악착과 집착을 구분하지 못하면 장사를 하다가 발전하지 못하고 중도에 포기하는 경우가 많다.

Think it over

갑자기 경쟁자가 등장할 수도 있고, 경기 불황이 심화될 수도 있고, 고객의 취향이나 트렌드가 변할 수도 있다. 이 모든 위험에 사장은 미리 대비해야 한다.

소나기가 오는데 비를 안 맞을 순 없다

장사는 단골고객의 재방문을 유지하면서 신규고객을 늘려가면 성장하기 마련이다. 그러나 국가적 위기였던 IMF 외환위기 때라든가 코로나 팬데믹 이후 금리 인상 같은 어쩔 수 없는 외부 요인으로 경기 불황이 있을 때는 충격을 최소화하는 조치를 취해야 한다. 만약 미리 조짐을 느낄 수 있는 촉이 있다면 사전에 대비할 수 있는데, 그게 가능하려면 장사하는 사장은 관심을 놓지 않고 세상을 공부해야 한다.

작은 매장에서 장사하는 사람이 불황에 할 수 있는 일은 많지 않지만, 위기를 알고 대비하는 사람들은 살아남아서 다음 기회를 엿볼 수 있다. 이론적으로 불황일 때는 현금 확보를 하라고 한다. 그러나 장사하는 사람에게 그게 쉬울 리가 없다. 그보다는 현금이 나갈 곳을 줄이는 것이 더 쉬운 실천방안이다. 안경원의 경우를 예로 들면 사입을 줄여서 결제로 내보내는 비용을 아끼고, 살아남기 위해서 직원 수도 줄인다. 어려울 때 인건비에 손대는 것은 고통스럽지만, 월급을 삭감한다든지 운영에 변형을 줄 수는 있다. 구조조정은 못하지만 퇴사한 직원의 자리를 충원하지 않고 적은 인원으로도 효율성이 있는 방법을 찾는 것이다. 장사하는 사람에게는 월세도 정해져 있고 재료비를 줄일 수 있는 것도 아니기 때문에 할 수 있는 건 그 정도뿐이다.

하늘이 내리는 소나기를 사람이 안 맞을 방법은 없다. 대신에 미리 우산을 준비한 사람은 덜 맞을 것이다. 또 비가 그친 후에 얼마나 빨리 말릴 수 있는지는 자신의 능력에 달려 있다. 여기에 세상의 흐름을 읽는 좀 더 세밀한 시각이 필요하다. 세상의 흐름에도 변곡점이 있다. 육상 경기를 하는 트랙을 상상해보자. 타원형으로 된 트랙에서 직선으로 이어지는 부분은 호시절과 같다. 경기가 나쁘지 않을 때는 직선으로 성장이 이어지다가 어느 순간 라운드 형태의 구간으로 진입한다. 이것이 변곡점인데, 네모의 직각처럼 급격히 꺾이는 게 아니라서 둔한 사람은 빨리 알아차리지 못해서 낭패를 겪을 수 있다.

위드 코로나 이후의 상황을 예로 들어보자. 직선 코스를 쭉 달려갈 때는 좋겠지만 어느 순간 변곡점이 생길 것이다. 코로나를 버텨내는 기간이 2년이었다면 다시 정상으로 회복되는 데도 최소한 2년이 걸릴 것이다. 팬데믹 기간 동안 전 세계에서 양적 완화(경기 부양을 위해 통화를 늘리는 것)가 있었는데 이것은 미래에 쓸 돈을 미리 당겨 쓰는 성격이었다. 그러니까 위드 코로나가 시작된 2022년 이후로 실물 경기에서 본격적인 불황은 '지금부터 시작'이라고 봐야 하는 것이다.

지금까지는 계속 돌려막기로 돈을 썼다면 이자가 오르는 변화가 시작되면서 사람들은 돈을 잘 안 쓰는 분위기가 될 것이다. 겉보기에는 사람들이 밖을 나오고 움직이기 시작한 것처럼 보이지만 경기가 내리막에 접어들면 지갑을 닫기 시작하는 때가 반드시 온다. 장사를 준비하는 초보 사장 입장에서는 대출 받아서 매장을 열었는데 이자도 못 낼 상황이라면 투자금을 고스란히 날리는 것이 된다.

경기가 바닥까지 완전히 닿고 코로나 직전의 상황 정도로 회복하려면 위드 코로나 이후로도 2~3년이 더 걸릴 것이라고 예상하고 버틸 준비를 해야 한다. **직진으로 잘 달려온 사람이라면 내리막이어도 감당할 수 있는 힘이 있어야 한다.** 나의 경우에도 매출을 키우지 않는다든지, 직원 수를 늘리지 않는 등의 준비를 해왔다.

여기에는 또 한 가지 주의해야 할 흐름이 있었다. 가장 큰 변수는 요즘 젊은이들은 일을 잘 안 하려고 한다는 것이다. 그들은 월급을 덜 받더라도 편한 일을 하고 싶어하는 경향이 있다. 우리 안경원은 매장이 크기 때문에 거기에 맞는 매뉴얼들을 숙지하고 고객의 기대에 맞춰 일을 잘 해야 한다. 그런데 세대가 바뀌니까 그걸 지키는 게 힘들어졌고 또 그 상황에 맞는 대비가 있어야 했다. 직원 교육을 통해 바뀌면 다행이겠지만 장사는 아무리 규모가 커도 대기업처럼 교육할 수는 없다. 얼마 안 가 직원이 그만두는 경우도 많기 때문에 더욱 그렇다. 살아남기 위해서는 그런 흐름에도 맞춰 준비를 해야 한다. '라떼는 이랬는데'만 외치고 있을 수는 없기 때문에 최악의 경우에는 나 혼자라도 할 수 있는 각오와 준비를 해야 한다.

Think it over

변화가 시작되는 변곡점을 빨리 알아차릴 수 있도록 세상을 공부하라.

세상이 변화할 때 적응하는 법

코로나 팬데믹이 시작될 무렵부터 우리 안경원에 몇 가지 변화를 주었다. 핵심은 고가 전략 중심의 시스템으로 맨투맨 방식의 맞춤형 차별화 서비스다. 장사에서 이문을 남기는 방식에는 매출을 높이는 것이 있고, 이익을 높이는 것이 있다. 불황기를 대비하기 위해 나는 매출을 키우는 걸 중단하고 이익 추구 방향으로 전략을 틀었다. 거리두기로 방문객 수가 줄어들고 있었기 때문에 매출을 올리는 데 한계가 있었기 때문이다.

비용을 줄이기 위해서 직원이 퇴사해도 충원은 하지 않았다. 위기의 시대에는 성장보다는 생존을 목표로 삼는다. 또 하나 조치한 것은 영업일수를 줄이는 것이었다. 일요일 휴무를 실시했는데 코로나 덕분에 사람들도 이해해주는 분위기라 가능했다.

'그래 쉬어가면서 해야지'라는 반응이라 다행이었다. 그리고 이어서 화요일에도 휴무를 추가했는데 고객 만족에 영향을 줄 수 있어서 최소한의 직원이 당직을 서고 내가 반드시 출근하기로 했다. 미처 휴무를 인지하지 못했거나 AS라든지 최소한의 서비스는 제공해야 하기 때문이다.

사실 이런 변화로 인해 매출이 줄어들 위험성은 있다. 어느 날은 할머니 손님이 와서 "내가 여길 몇 번을 왔는데 매장 팔고 가신 줄 알았어요"라고 말하기도 했다. 간판도 자주 바꾸고 인테리어도 자주 바꾸니까 그런 생각을 하는 것도 무리가 아니다. 그런데 직원에게 물어보니까 사장은 안 바뀌었다고 하는데 올 때마다 안 보이니까 다른 안경원으로 갔었다고 한다. 한 번 변심이 있었던 것이다. 그런데 안경 피팅도 마음에 안 들고 불만족스러워서 결국엔 다시 우리 안경원으로 들렀다가 토요일에 나를 본 것이다. 이런 불편을 나도 예상은 하고는 있었지만 나에게 과부하가 걸리고 있었기 때문에 욕심을 부리지 않았다.

경기 변동 외에도 장사하는 사람은 세상의 변화를 감지하지 못하면 도태되어 사라지는 경우가 수도 없이 많다. 그러나 항상 연구하고 가만히 있으려고 하지 않는다면 위기에 대응해 어떻게 하면 될지 아이디어를 구할 수 있다.

우리가 매일 먹는 식탁에서도 변화는 감지할 수 있다. 고등어구이나 갈치구이 같은 생선 메뉴는 한국인의 식탁에 자주 오르던 것들이다. 그래서 옛날에는 생선 가게를 해서 돈을 잘 벌었다는 사람도 있었다. 그런데 세상이 변하면서 여기에도 변화가 찾아왔다. 집에서 생선을 구워먹는 가구가 점점 줄어든 것이다. 그러면 생선 가게는 어떻게 해야 할까?

망원시장에 가면 생선 가게가 몇 군데 있는데 그중 유난히 잘되는 곳이 있다. 생물 생선을 파는 가게와 붙어 있는 작은 공간에서 안쪽에 생선을 구울 수 있는 전용 오븐을 들여놓고 생선구이를 포장해서 팔고 있는데, 아주 잘 팔리고 있다.

이곳 생선구이 점포는 옆에 있는 생물을 파는 생선 가게와 사실은 같은 집이다. 이곳 사장은 어느 순간 생각했을 것이다. "매출이 떨어지네, 우리 어떻게 해야 하지?" 처음엔 일시적인 현상인지 기다려보기도 했을 것이고 원인을 찾으려고 이리저리 생각해봤을 것이다. 그러다가 사람들의 생활 패턴이 바뀌고 있다는 걸 감지한 것이다.

사람들은 집에서 생선을 구우면 냄새도 나고 해먹기가 쉽지 않다며 부담스러워하는 경우가 아주 많아졌다. 아내가 생선구이를 하려고 해도 남편이 냄새 난다며 싫어하는 경우도 많다. 그러다 보니 생선구이는 바닷가 근처에 갔을 때 먹거나 외식을 할 때 먹는 메뉴로 간주하는 문화가 생긴 것이다.

장사는 불편한 걸 편하게 해주면 돈을 벌 수 있다. 결국엔 고객이 뭐가 불편할까 항상 고민하면 된다. 업종마다 고객이 불편한 사항을 찾아내 그걸 해결하면 되는 것이다. '생선을 집에서 굽는 게 싫어서 안 먹는다고? 아내도 번거로워하고 남편도 냄새 나는 걸 싫어한다고? 그러면 내가 해결해줘야지.' 포장용 생선구이는 그렇게 시작됐을 것이다. 사람들이 집에서 굽는 건 부담스러워하는데 그렇다고 생선구이를 좋아하던 사람이 갑자기 입맛이 변할 리는 없다. 그러니까 생선구이를 포장해서 팔면 가져가서 바로 먹든가 데워서 먹든가 하면 된다.

그렇게 오히려 가게 공간을 늘려서 생물도 팔고 구이도 파는 전략으로 그 생선 가게는 차별화하면서 위기를 넘기고 변화에 적응할 수 있었던 것이다. 작은 데서도 해결책은 찾을 수 있다. 가만히 앉아서 "안 된다"고만 하면 달라지는 건 아무것도 없다.

Think it over

소비자 입장에서 생각할 수 있는 사장은 변화를 알아차리고 적응할 수 있다.

작은 실패를 밀거름으로 삼는 법

나는 매장을 열었다가 장사에서 실패를 본 적은 없었는데, 딱 한 번 안경수리공장을 했다가 실패했던 경험이 있다. 촉은 빨랐고 방향도 정확했는데 내가 할 수 없는 걸 욕심냈다는 것이 실패 요인이었다. 예전에는 고객이 고장난 안경테를 가지고 오면 안경테의 마진이 좋으니까 수리를 맡기기보다는 제조원가가 낮은 새 걸로 교체해주는 경우가 많았다. 그러나 안경테의 마진이 점점 적어져서 이제는 수리해서 쓰는 것이 고객이 선택할 수 있는 옵션이 된 것이다.

안경수리 전문업체를 하면 괜찮겠다는 흐름은 정확했다. 지금도 이건 유효하다. 문제는 안경 수리를 내가 할 줄 몰랐기 때문에 기술자를 소개받아 사업화를 진행했다는 점이었다. 결론을 말하자면 나는 이용만 되었을 뿐이었다. 이런 사업이 되겠다는 확신을 했지만, 그걸 했어야 하는 사람은 나 같은 안경사가 아니라 안경공장에서 일해봐서 정확한 작업 공정을 알고 있는 사람이었다. 지금도 안경수리공장으로 돈을 잘 벌고 있는 사람이 많다. 이때 배운 사실은 '내가 할 줄 모르는 건 절대 하지 말아야 한다'는 것이다.

장사에 있어서는 핵심 역량을 사장이 쥐고 있어야 매장이 생명을 유지할 수 있다. 그래야 직원이 모두 나가더라도 망할 일이 없다. 예를 들어 자장면집에 주방장이 나가더라도 사장이 대신 자장을 볶을 수 있다면 매장은 계속될 수 있다. 최후에 내가 아닌 다른 사람이 있어야만 매장 운영이 가능하다면 그 장사는 하면 안 된다. 아니면 사업으로서 투자를 하는 사람이 되는 수밖에 없다.

설비비, 점포 임대료, 광고비 등을 날리고 안경수리공장은 결국 실패로 돌아갔지만 그 이후로 시행착오를 다시는 겪지 않았던 이유는 그것을 계기로 중요한 걸 하나 알았기 때문이다. 장사가 잘 되면 주변에 유혹의 손길이 다가오기 마련인데, 그때 이후로 나는 그런 유혹에 절대 넘어가지 않는다. "장사는 자기가 잘하는 걸 해야 돼. 누구나 자기가 잘하는 게 있어"라고 응답한다.

실패의 경험으로 내가 얻은 교훈은 하지 말아야 할 것과 내가 해야 할 것의 명확한 기준이다. 그런 기준이 없을 때는 자금만 갖고 있으면 장사가 잘될 것 같은 생각이 든다. 시장도 보였고 자금도 있고 같은 업종에 종사하니까 왠지 '내가 하면 될 거야'라는 생각이 드는 것이다. 그러다가 망하는 사람은 나 말고도 아주 많다. 아예 모르면 할 생각을 안 하거나 그것과 관련된 전문가를 찾을 것이다. 그렇지 않고 같은 업종에 있으면서 내가 기술을 갖고 있지 않은 경우가 가장 큰 함정이고 가장 큰 유혹이다.

초보 사장이 작은 실패를 겪을 때마다 노하우를 하나씩 얻을 수 있다면 장사는 오래 가고 탄탄해질 것이다. 그런데 장사하다가 불황기를 만났다면 실패할 확률이 더욱 커진다. 1차적인 성공을 거두었다 해도 이때는 주의해야 한다. 호황기에는 매출을 늘리는 데 신경쓰고 정체기가 되면 이익을 늘리는 데 신경쓰면 되지만, 불황기에는 허리띠를 졸라매야 한다. 나가는 모든 비용을 최소화하는 것이 포인트다.

그중에서 매장의 유지비를 줄이는 것은 누가 안 가르쳐줘도 대부분 본능적으로 잘한다. 정말 주의해야 할 점은 사장의 개인 씀씀이를 줄이는 것이다. 임대료, 세금 등은 줄일 수 없고 인건비, 물건 사입 등도 줄이는 데 한계가 있다. 서비스 품질은 유지한 채 효율성을 높이는 시스템 전환으로 가야 하기 때문이다. 사장의 개인 씀씀이는 그대로인데 긴축 재정을 한다고 제품이나 서비스의 품질을 떨어뜨리면, 고객은 예민하게 캐치해서 단골도 떨어져나간다. 홍보비도 불황이라고 해서 안 쓰는 것이 아니라 효율을 높이는 방법을 찾는 식으로 개선할 점을 찾아야 한다.

가장 큰 함정에 빠지는 사람은 자기 씀씀이를 놓치는 사람이다. 사람마다 여가 방법은 다르겠지만 운동을 한다면 헬스장 대신 집에서 홈트로 운동할 방법을 찾는다든지 동네 한 바퀴를 뛴다든지, 자신의 생활에서도 비용을 줄일 방법을 찾아야 한다. 골프 치러 가는 횟수를 줄인다든지 대외적인 모임도 줄이고 꼭 가야 할 자리만 선별하는 등의 기준을 세우면 된다. 위기 상황일수록 그것을 돌파하려면 고객에 더 집중해야 한다. 장사가 잘 안되는 상황일 때는 사장은 더욱더 현장을 지켜야 한다.

불황일 때 사람들은 더 예민하니까 서비스 품질을 잘 유지해야 한다. 사장이 매장에 붙어 있으면 열심히 일해서 고객 만족도 높아지지만, 나가서 쓰던 씀씀이가 줄어든다. 매장에서 하루 종일 일하는데 돈 쓸 일은 당연히 없을 것이고, 돈은 더 벌 수 있다.

Think it over

비용을 줄일 때 놓칠 수 있는 첫 번째는 사장의 개인 씀씀이다.

장사의 성공 비결은 마음 다스리기

장사를 하다 보면 여러 가지 면에서 위기가 찾아오지만 대면 응대를 한다는 측면에서 보면 위기는 매일 경험할 수 있는 일이기도 하다. 장사가 잘 되는 사장도 진상 고객은 언제든 만날 수 있으며, 그로 인해 화나는 상황에 노출될 위험은 늘상 있다. 직장에서는 상사에게 혼나면 옥상에 올라가 잠시 찬 공기를 마시거나, 그게 여의치않으면 컴퓨터 앞에 앉아 인상 쓰고 일을 하고 있으면 된다. 그런데 장사는 바로 다른 손님을 맞아야 되니까 마음속에 있는 감정을 처리하지 못한 채 다른 표정으로 친절의 가면을 써야 할 때가 많다. 그래서 마음을 다스리고 내려놓는 법을 익혀야 한다.

스트레스를 견디는 방법은 사람마다 다르다. 억지를 부리는 손님을 만나고 진짜 화가 날 때는 열이 위로 올라오기 때문에 혼자서는 가라앉히기가 힘들다. 술이라도 한잔 하고 잊어버려야지, 그러지 않으면 미치고 환장할 노릇이라 화병이 날 것 같은 상황도 있다. 너무 많이 먹으면 독이 되겠지만, 건강하고 젊은 사장이라면 혼자 화를 삭히는 대신 친구를 만나서 술로 화풀이하고 나면 괜찮아지기도 한다. 그렇지 않으면 믿을 만한 친구에게 전화해서 같이 욕하고 풀어버리는 것도 방법이 된다.

장사로 바쁜 와중에 시간이 많이 안 걸리고 할 수 있는 스트레스 해소법으로 나는 지금 명상을 하고 있다. 명상을 알기 전에는 낙서용 공책을 마련해놓고 낙서를 많이 했다. 마음 상태를 긁적임으로써 폭발하는 감정을 쏟아냈다. 내 이름도 적어봤다가 상호도 적어봤다가 주소도 적어봤다가, 한글로도 적어보고 한자로도 적어보고 목표도 적어보고 나에게 용기를 주는 말도 적어본다. 간단한 일기, 메모, 감정 표현 등 뭐든 긁적여본다. 그러면 감정이 어느 정도 컨트롤되곤 했다. 손님이 없을 때 낙서를 하고 있으면 밖에서 보면 일하는 것처럼 보이기 때문에 그런 면에서도 좋다. 뭔가 열심히 일하고 있는 걸로 보이고 싶을 때도 낙서는 좋다. 자리를 비우고 어디 가지 않아도 되고 그 자리에서 바로 풀 수 있는 방법으로 나는 낙서를 추천하고 싶다.

화는 방출해야 한다. 그렇지 않으면 장사하다 화병이 난다. 그래서 자기만의 화 푸는 방법을 장사하는 사람은 무조건 갖고 있어야 한다. 입으로 풀든, 글로 풀든, 몸으로 풀든 자신에게 가장 적합한 것을 찾으면 된다. 사장들 중에 등산 가는 사람이 그렇게 많은 이유도 화를 다스리기 위해서다. 몸을 씀으로써 마음을 다스리는 것이다.

나는 젊어서부터 장사를 시작했기 때문에 예전부터 화를 다스리는 제일 좋은 방법은 무엇일까 연구를 많이 했다. 장사하는 사람이 물건을 파는 것이지 인격을 파는 것이 아닌데 상식 이하의 행동을 보이는 사람을 보면 참을 수가 없었다. 스님들이 써놓은 책도 읽어봤지만 대부분 "참아라"는 이야기였다. 안 참아지니까 괴로운 건데 무조건 참으라고 하는 것 같아서 내게는 별로 도움이 안 됐다. 그러다가 어느 책에서 읽었던 글귀 한 문장이 내 마음에 들어왔다. 지금은 그걸 새기면서 컨트롤하려고 노력한다.

일명 '빈 배 이론'이라는 것이 있다. 내가 바다에서 배를 몰고 가고 있었다. 잘 가고 있었는데 갑자기 툭 튀어나온 다른 배가 내가 탄 배를 툭 쳤다. 내가 탄 배가 손상됐고 화가 치솟아올랐다. 욕을 한 바가지 하기 위해 그 배를 봤는데, 그 배에는 사람이 없다. 사람이 없으니 화를 낼 수가 없고 점점 화가 없어진다.

이걸 읽고서야 깨달았다. 빈 배처럼 사람이 없다고 생각하면 된다. 상대가 있으면 화를 쏟아낼 테지만 상대가 없다고 생각하면 자연스럽게 화가 누그러진다. 너무나 와닿는 논리였다.

여기서 응용해서 또 한 가지 설정을 생각해보았다. 내가 운전을 하고 간다. 그런데 어떤 차가 툭 튀어나와서 박았다. 화가 나서 차에서 내려 운전자를 봤는데, 고등학교 때 꽤 친했던 친구였다. 10년 만에 만난 그 얼굴을 본 순간 치솟았던 '화'는 어떻게 될까? 아마도 화가 수그러들면서 화를 못 낼 것이다. 지인이기 때문에 자연스럽게 일단은 참게 된다. 같은 상황에서 모르는 사람이라면 부딪쳐 싸울 테지만 내가 아는 상대라면 그 화가 50% 이상 줄어든다. 서로 말이 순화되면서 "운전을 왜 그렇게 해"라며 살짝 타박하는 정도일 뿐 화를 터뜨리지는 않을 것이다.

그후로는 진상 고객을 만났을 때 '그 사람이 내 지인이라고 생각하자'라고 마음을 먹었다. 알고 보니 내 친척이 될 수도 있고 오랜만에 만난 친구일 수도 있다. 그렇게 생각하면 화가 덜 난다. 속으로는 '아는 놈이 더하네'라고 할 수 있지만 감정 분출은 순화시킬 수 있다.

Think it over

스트레스와 화를 누그러뜨리는 자기만의 비법을 찾아야 한다.

사장은 맛없는 식당 밥도 먹을 수 있다

롱런하는 장사를 하려면 사장은 주변 상권에서 일하는 사람들에게도 평판이 좋아야 한다. 요즘은 식대를 주면 직원들이 알아서 점심을 먹지만, 한창 매장에서 밥을 시켜서 직원들과 다 같이 먹던 시절이 있었다. 그때 점심 메뉴를 고를 때면 직원들은 먹고 싶은 것만 먹는 게 일반적인 모습이었다. 예를 들어 A식당에서 밥이 왔는데 반찬이 맛이 없었다면 직원들은 다시는 그곳에서 시켜먹지 않는다. 그런데 사장인 나는 맛이 없어도 그럴 수가 없었다. "머리카락 나와요", "돌 나와요" 그런 이야기들이 직원들 사이에서 나와도 그 식당을 외면할 수는 없었다.

종업원은 맛으로 평가하지만 사장은 맛이 없어도 먹어야 된다. 그 식당과 연결돼 있는 고객들이 많기 때문이다. 그 식당 사장이 우리 안경원에 왔던 손님이건 아니건 그 식당 음식을 팔아줘야 하는 것이 맞다. 그래야 그 식당에 온 손님들에게 그곳 사장이 우리 안경원을 권할 수 있다. 동네 장사에서는 식당 음식도 이 집 저 집 골고루 시켜 먹어야 한다. 주변 모든 식당에서 골고루 시켜 먹는 것이 원칙이다. 진짜 장사를 제대로 하는 사장은 주변에 10개의 식당이 있으면 돌아가면서 한 군데씩 시켜 먹는다.

음식을 시킬 때 "여기 아이데코 안경원인데요"라고 말하는 것 자체가 홍보다. 거기서도 안경 맞출 일이 있으면 이왕이면 우리 안경원으로 올 것이고, 손님이 안경 불편하다는 대화를 하고 있으면 "거기 한번 가보세요" 하며 우리 안경원을 권할 것이다. 자기네 식당에서 밥 한 번 시켜 먹은 적 없는 안경원에 가라고 권하는 사람은 없을 것이다.

직원의 경우에는 여기까지 생각하는 사람이 거의 없다. 기왕 한 끼 먹는 거 먹고 싶은 거 먹어야 한다고 생각할 것이다. 물론 그 말도 맞다. 그러나 사장은 맛이 없어도 그럴 수 없다. 이것은 큰돈 들이지 않고 홍보를 하는 방법이기도 하며, 악평을 막고 호평을 만들어가는 방법이기도 하다.

요즘에는 배달 앱을 이용해서 직원들에게 간식거리나 커피를 시켜주고 있다. 배달맨이 계속 바뀌기 때문에 한 번에 여러 개를 시키기보다는 하루에 하나씩 여러 번에 나눠서 시키고 있다. 목적은 편리성이 아니라 최대한 여러 사람에게 계속 노출시키는 것이기 때문이다. 배달맨이 안경을 맞추러 우리 매장이 오지 않을 수도 있지만, 적어도 '어, 여기 안경원이 있었네'라고 노출되는 효과가 있다. 누군가 안경으로 고민하고 있을 때 "거기 가면 안경원이 있더라고요" 하고 소개할 수도 있다. 매장이 노출된 뒤에는 무슨 일이 일어날지 아무도 알 수 없다. 안경원으로 배달을 하루에 한 번만 시켜도 한 달에 30명의 배달맨들에게 노출하는 것이 된다.

장사하는 사장은 뒤에 보이지 않는 것도 볼 수 있어야 한다. 세상 전체를 위에서 조망하면서 내가 어디쯤 있는지 인지하면서 살아야 한다. 그런 측면에서 보면 돈을 쓸 때도 그 돈이 되돌아오는 것도 염두에 두고 써야 한다. 가는 정이 있으면 오는 정이 있고, 기브 앤 테이크는 세상의 진리다.

내 매장에 오는 고객만 나의 고객은 아니다. 매장 밖에서 움직이고 있는 모든 사람들이 나의 고객이 될 수 있다. 그들이 나를 경험하고 우리 매장을 경험하고 알게 하는 것이 진짜 사장의 홍보다. 사장이 돈을 쓰거나 시간을 쓸 때 접촉하는 모든 사람에게 나를 알릴 수 있는 것이 진짜 사장이다. 몇 수를 내다봐야 하기 때문에 장사는 돈 벌기가 어려운 것이다. 그게 몸에 밸 정도로 습관이 돼야 비로소 편안하게 장사할 수 있다. 워라밸이란 일을 50% 하고 휴식을 50% 해서 100%를 채우는 것이 아니라 일도 100%, 노는 것도 100%씩 채워서 200%를 만드는 것이 진정한 워라밸이 아닐까 싶다. 사장에게 일이 곧 노는 것이고 일이 곧 인생이 되면 워라밸은 자연스럽게 이뤄질 것이다.

Think it over

사장은 세상을 그저 바라보는 것이 아니라 조망할 수 있어야 한다.

영업사원에게 절대 갑질하지 마라

장사 초창기에는 특히 주위 사람들과 관계를 잘 유지하는 것이 중요하다. 그중에는 거래처 영업사원들이 포함돼 있다. 나는 직원들에게 "절대로 영업사원들을 골탕 먹이지 마라. 그건 진짜 나쁜 버릇이다"라고 당부한다. 내가 갑이고 영업사원이 을이라고 해서 갑질을 하다간 그 피해가 고스란히 나에게 돌아온다. 영업사원들은 여러 곳을 다니면서 다양한 정보를 얻을 수 있는 사람들이다. 그건 사실 장사하는 사람에게는 고급 정보다. 그걸 얻기 위해서라도 내가 먼저 그들을 배려해야 한다.

영업사원이 왔는데 그 뒤에 손님이 들어오는 상황이 있다. 안경사 중에는 이럴 때 영업사원을 무한정 기다리게 하는 사람들이 있다. 5분, 10분만 이야기하면 끝날 일을 내가 할 일이 생겼다고 해서 마냥

기다리라고 하는 것은 배려가 없는 행동이다. 그 영업사원도 볼일이 있고 바쁘다. 손님이 안경테를 구경하는 동안에 영업사원과 이야기해도 되는데 30분이고 1시간이고 기다리게 하는 것은 분명 좋아 보이지 않는 행동이다.

또 그렇게 기다렸다가 안경테를 보여주는 영업사원을 또 한참 붙들고 있는 안경사도 있다. 이리 보고 저리 보고 하나하나 다 만져보면서 1시간씩 붙들고 구경하다가 구매 물량은 소량으로 몇 개 사고 만다. 그러면 그 영업사원은 자기 일을 제대로 할 수가 없다. 나는 후다닥 보고 많이 팔아주면서 얼른 다른 데 가서 또 영업하라고 보내준다. "사장님이 대한민국에서 물건 제일 빨리 뽑습니다." 그들은 나에게 이렇게 응답한다.

어차피 하자 있으면 반품해줄 것이고 신상품이 아닌데도 다 알 만한 걸 붙들고 만지작거리고 있어봐야 사람 골탕 먹이는 것밖에 안 된다. 그 사람을 배려하면 나의 이미지도 좋아지고 나도 원하는 정보를 얻기에 좋다. 내가 물건을 팔아준다는 이유로, 돈만 지불하면 '나는 이렇게 해도 돼'라는 마인드로 대하면 절대 안 된다. 그건 진상 손님과 다를 바 없는 행동이다.

여기저기 많은 곳을 돌아다니는 영업사원의 입에 나쁘게 오르내리는 것은 좋을 일이 없다. 옛날에는 '봇짐장수', '등짐장수'라 부르던 보부상이 전국을 돌아다니면서 물건을 팔았다. 이 둘의 공통점은 사람을 많이 만난다는 것, 그리고 의도하지 않아도 소문을 옮길 수 있다는 것이다. 운이 좋은 사람은 주변에 있는 사람들이 여기저기 다니면서 그 사람에 대한 칭찬을 한다. 예를 들면 영업사원 같은 사람이다. 그들은 좋은 기운을 모아주는데, 그것 때문에라도 나는 영업사원에게 잘 보여야 한다고 생각한다. 그들과 관계가 좋다면 적어도 그들은 어디 가서 내 악담은 안 할 것이다. 악담은 상당히 힘이 센 불안 요소다.

이렇게 평판 관리가 잘 되면 좋은 정보가 있거나 좋은 신상품이 있을 때 나에게 먼저 와서 알려주고 싶을 것이다. 영업사원도 사람이기 때문에 허구한 날 자신을 괴롭히고 무시하는 사람에게 좋은 정보를 알려주고 싶지는 않을 것이다. 30년 넘게 장사하면서 되돌아보니 영업사원에게 결제 문제로 애태우는 사람치고 성공한 사람을 한 명도 못 봤다. 결제를 늦춘다든가 단가를 후려치는 사람은 당장은 이익을 본 것 같아도 그게 오래가는 경우가 없었다. 친구나 선배들을 보면서 딜을 잘해서 싸게 물건을 들이면 능력있다고 생각했던 적도 있다. 그런데 세월이 지나고 보니 그런 사람들 중에 롱런하는 사람이 거의 없었다.

장사는 단순히 물건을 파는 게 전부가 아니다. 보이지 않는 세상의 원리가 있다. 그걸 아는 사람은 장사에서 성공할 확률이 높다. 싸게 사서 비싸게 파는 경제 논리로만 실력을 발휘하는 사람은 언제 무너질지 모른다. 한창 잘나가던 사람도 한순간 무너져버리는 일이 많은 이유는 평판관리에서도 찾아볼 수 있다. 이 평판관리에는 SNS의

악플관리만 있는 것은 아니다.

장사로 성공하고 싶다면 **운을 바꾸는 4가지 씨앗**을 뿌려야 한다. **마음씨, 말씨, 글씨, 솜씨,** 이렇게 4가지를 갖추면 모든 면에서 통달할 수 있다. **첫째, 마음씨를 갖추기 위해 사장은 마음 공부를 꼭 해야 한다.** 긍정적인 생각을 많이 하면서 마음씨를 곱게 써야 한다. 마음씨에서 가장 중요한 것은 '상생'이다. 착한 마음도 중요하고 남에게 잘해주는 것도 좋은 마음씨이지만, 여기에서 말하는 마음씨는 '나도 좋고, 남도 좋은 것'을 의미한다. 항상 나의 이익만 생각하지 않고 남의 이익도 같이 생각하면서 서로가 윈-윈 할 수 있는 마음가짐을 말하는 것이다. 장사하는 사람들뿐만 아니라 이 세상을 살아가는 모든 사람에게 적용되는 내용이다. 상생의 이론이야말로 가장 착한 마음씨의 시발점이 아닐까 생각한다. **둘째, 말씨는 좋은 말을 많이 해야 하는 것으로 얻을 수 있다.** 말은 혀가 하는데, 혀는 한 사람을 죽일 수도 살릴 수도 있다. 혀 설(舌) 자는 일천 천(千) 자와 입 구(口) 자가 합쳐져 있다. 혀는 곧 천개의 입이라는 뜻으로, 그만큼 혀를 잘 놀려야 한다는 뜻이 담겨 있다. **셋째, 글씨는 자기계발서에 흔히 나오는 비법이 있다. 생각만 하지 말고 세상을 향해 외치고, 글로 적어서 스스로 상기하는 것이다. 넷째, 솜씨는 장사하는 사람이 꼭 갖춰야 할 기술로서 전문성을 발휘해 결과물을 만들어준다.** 이 4가지를 갖추면 운이 바뀌고 생각이 바뀐다.

조선 시대에 세조는 의학에 관심이 많아 직접 『의학론』이라는 책을 저술했는데, 여기에 의사를 8가지로 나누어 기록한 팔의론(八醫論)이 나온다. 첫 번째는 심의(心醫)로 환자의 마음을 편안하게 해서 병을 낫게 하는 의사, 둘째는 식의(食醫)로 음식을 조절해 병을 낫게 하는 의사, 셋째는 약의(藥醫)로 약만 쓰기를 좋아하는 의사. 넷째는 혼의(昏醫)로 위급한 상황에 자기가 먼저 당황하는 의사, 다섯째는 광의(狂醫)로 환자의 상태를 제대로 살피지 않고 함부로 약이나 침을 쓰는 의사, 여섯째는 망의(妄醫)로 맞지 않는 약을 쓰고 쓸데없는 것에 참견하는 의사, 일곱째는 사의(詐醫)로 의술을 잘 알지 못하는 의사, 마지막 여덟째는 살의(殺醫)로 총명하나 환자를 측은하게 생각하는 마음이 없는 의사를 말한다. 그중 으뜸을 심의(心醫)라고 했다. 심의는 환자의 마음을 편안하게 해주는 인격을 가진 사람으로, 눈빛만으로도 환자가 마음의 안정을 느끼는 경지를 가진 자를 말한다. 이건 장사에서도 마찬가지여서 기술이 좋고 친절한 것도 중요하지만 고객의 마음을 읽을 수 있는 사장이 장사도 잘하고 롱런하는 법이다. 그것이 바로 장사하는 사장이 마음 공부를 해야 하는 이유다.

사장은 아무도 가르쳐주는 사람이 없다. 상사나 스승이 없기 때문에 혼자 판단하고 결과를 이끌어내고 만들어야 한다. 명상일 수도 있고 인문학 공부일 수도 있고 방법은 여러 가지가 있으니까, 마음을 컨트롤하는 연습을 해야 한다. 내가 하는 말과 행동의 파장을 생각할 수 있도록 스스로 다스리면서 살아야 한다.

Think it over

장사 초기에 매장과 사장에 대한 악평이 생기면 될 일도 안 된다.

좋은 기운과 에너지를 모으는 법

안경원 매장에 오는 손님들 중에는 60대, 70대 어르신들도 많은데, 그중에는 부자도 있고 장사를 해서 돈을 번 사람들도 있다. 그분들은 또 두 부류로 나뉜다. 장사하는 사람의 마음을 알고 생각해주고 배려하는 사람이 있고, 또 그걸 반대로 이용하는 사람이 있다. "그래요. 장사 힘들죠. 남아야 되니까 알아서 받아요." 이러는 사람이 왔다 가면, 같은 장사하는 사람으로서 참 고맙다. 반면에 "나도 장사 해봐서 다 알아. 많이 남잖아. 싸게 줘" 하면서 막무가내로 반은 협박하며 말하는 사람이 있다. 이럴 땐 어쩔 수 없이 해주긴 하는데 기분이 좋을 수는 없다.

그런 사람이 나가고 나면 나는 직원들에게 말한다. "나중에 나이 들고 절대 저런 노인은 되지 마라. 장사를 해봤으니까 어려운 점을 다 아는데 젊은 사람들이 고생하면 도와주지는 못할망정 저런 건 아주 야비한 거다." 자신이 장사하면서 고생한 만큼 젊은 사람들이 장사하고 있으면 이해해주는 어른이 돼야지, **장사 마진을 안다고 터무니없이 가격을 후려치는 사람이라면 사장을 했으면서 사장답지 않은 사람이다.**

나도 장사를 하지만, 다른 곳에서는 나도 판매자가 아니라 소비자가 된다. 그럴 때 너무 야박하게 하면 안 된다는 것이 나의 주장이다. 나는 매장 인테리어를 할 때도 한 군데밖에 거래를 안 한다. 보통은 매장 오픈할 때 두세 군데에서 견적을 내고 비교를 한다. 이거 해오라, 저거 해오라 해서 도면을 뽑아오는데 시안비를 주는 것도 아니기 때문에 그 과정에서 선택받지 못한 업체는 며칠간 일을 하고도 대가를 받지 못하게 된다.

나도 매장에 손님이 와서 한 시간 동안 이것저것 다 만져보고 헤집어놓은 다음에 안 사고 나가면 기분이 엄청 안 좋다. 인테리어하는 사람들도 고생을 해서 시안을 만들어갔는데 떨어졌다면 그 업체는 '저 가게 잘 돼라'는 마음은 아닐 것이다. 그 기분 나쁜 기운은 나에게 되돌아온다. 매장 오픈을 앞둔 사장들 중에도 인테리어 업자를 심하게 애먹이는 사람도 많은데, 살면서 그런 나쁜 기운은 될 수 있는 대로 안 만들어야 한다. 당장은 드러나지 않지만 그 기운은 나와 매장에 머무른다.

얼마 전에도 내가 거래하는 인테리어 업체를 소개해 달라는 사람이 있었다. 그런데 나중에 들으니 두 번 세 번 불러서 마치 할 것처럼 도면을 만들어 오라고 해서 여러 번 왔다 갔다 했는데, 결국엔 거래를 안 했다고 한다. 그 사람들은 일을 했지만 일한 대가를 못 받은 셈이다. 시안비를 주는 것도 아닌데 '견적은 당연히 공짜 아냐'라고만 생각할 일이 아니다. 장사를 안 해본 사람이라면 모를까, 자기도 장사하는 사람이 더 박하게 구는 건 나쁜 기운을 잔뜩 만들어내는 일이다.

공무원이 퇴직하고 장사를 하면 잘 안 된다는 말이 있다. 너무 다른 세계에 살아서 물건 파는 사람의 심정을 헤아려본 적이 없어서 그럴 것이다. 장사를 하면서 다른 장사하는 사람을 배려할 줄 모른다면 뭔가 이상한 것이다. 인테리어가 됐든 자재 구입이 됐든 견적을 받아서 무조건 싸게 사야 된다는 주장을 하는 사람이 있다. 나는 그걸 반대하는 쪽이다. 요새는 사기 치는 사람이 거의 없기 때문에 의심을 안 해도 된다. 그리고 가격 차이가 나봐야 ±10%다. 만약에 그 범위를 넘어서 차이가 많이 나는 곳이 있다면 물건에 문제가 있든가 품질에 문제가 있는 경우가 대부분이다.

나는 인테리어를 할 때 견적은 한 군데에서 뽑고 알아서 싸게 해달라고 한다. 내가 부탁하는 건 한 가지인데, 기초 뼈대를 세울 때는 매일 찾아가서 부탁을 한다. "담배 피고 일하지 마세요. 나무들 속에 담배 연기와 그 기운이 다 들어갑니다. 나중에 페인

트칠하지만 나는 그거 싫습니다." 대신에 막걸리와 돼지고기를 많이 사주고 간식비도 주고 온다. 그리고 딱 한마디 덧붙인다. "대신에 못 하나를 박을 때에도 즐거운 마음으로 해주세요."

인테리어를 하기도 전에 가장 기초가 되는 뼈대에 연기가 스며들어 가는 건 장사를 시작하지도 않았는데 좋지 않은 냄새가 남아 기분이 좋지 않을 것이고 쓰기도 전에 헌 것이 되는 것이다. 그리고 작업할 때 하기 싫은 거 티 내지 않고, 욕하면서 일하지 않고 기쁘고 즐겁게 해준다면 그런 소소한 작은 것들이 하나하나 쌓여 좋은 기운을 만들어 낼 것이다. 싸게 인테리어를 하는 것도 중요하지만 내 매장과 조금이라도 관련됐던 사람들이 장사가 잘 되기를 바라는 마음을 실어주는 게 더 좋은 일이다. "너 한번 잘 되나 보자" 하는 독한 마음을 먹게 하면 내가 잘 될 수 없다.

Think it over

장사로 성공하는 데는 보이지 않는 힘이 작용할 수 있다.

과도한 욕심과 열정은 다르다

장사를 시작해서 잘 되기 시작하면 '이대로만 가면 부자 되는 건 순식간이겠다' 생각하면서 자만하거나, '이대로 더 크게 확장하면 더 많이 벌 거야' 생각하면서 과한 욕심을 부리는 경우가 꽤 있다. 주변에서 '저 사람 잘 나갔었는데 왜 망했지?' 하는 사례를 많이 볼 수 있었다. 사장이 자기관리가 안 되면 위기 사인을 감지하지 못하고 망해버리는 일이 있다. 그 유형이나 원인이 몇 가지가 있는데, 돈 욕심만 내느라 남을 살피지 않은 경우, 소비를 절제하지 못해서 자기 컨트롤이 안 된 경우, 언제까지고 잘될 것이라 생각해서 무리한 확장을 한 경우 등이다.

이 책은 장사를 시작해서 대박 내는 것만을 목적으로 하는 것이 아니라 잘 되는 장사를 오랫동안 유지하는 롱런 전략에

초점을 맞추고 있다. 장사가 잘 되고 돈이 갑자기 들어오면 그걸 컨트롤하지 못하는 사람들이 있다. 그걸 보고 때로는 사람들이 '졸부'라고 부르기도 한다. 돈이 계속 자기 옆에 있을 거라고 생각하고 돈을 컨트롤하지 못하고 자기 마음대로 행동하면 돈이 떠나간다. 그래서 젊을 때 갑자기 돈을 많이 벌면 쉽게 망한다는 이야기도 회자되는 것이다. 결과가 좋은 것은 자신이 잘했기 때문이고 앞으로도 계속 잘될 거라는 자만심을 가지면, 생각지 못했던 변수가 나타났을 때 컨트롤하지 못하는 경우가 많다.

인생에는 페달도 있어야 하고 브레이크도 있어야 한다. 어쩔 때는 밀어붙이고 어쩔 때는 쉬어가는 기간도 있어야 한다. 계속 페달을 밟다가는 넘어질 수 있다. 가끔 '저 사람은 능력도 있고 자금도 갖추었을 텐데 왜 갑자기 무너졌지?' 싶은 사람이 있다. 돈을 벌었지만 계속 잘될 거라고 배팅했다가 무너진 경우를 보면 '영원히 잘 되는 건 없구나' 싶다. 가만히 지켜보는 시간을 가졌더라면 훨씬 더 잘 되지 않았을까 하는 생각이 든다.

장사가 잘 되려면 사장은 성공하고 싶다는 마음이 간절해야 한다. 일에 열렬한 애정을 가지고 열중하는 마음, 즉 열정이 있어야 한다. 운동이나 공부에도 열중하는 마음이 필요한 것처럼 장사의 성패는 사장의 열정에 달렸다. 열정 많은 사장은 항상 에너지가 넘치고 새로운 아이디어가 샘솟는다. 이런 열정이 있으면 웬만한 장애물이나 어려움이 있어도 금방 초월할 수 있다.

그런데 **열정이 많은 사장에게 또 하나 필요한 것이 절제다.** 자동차에 가속 장치인 액셀 페달과 제어 장치인 브레이크가 함께 존재하는 것과 같다. 너무 자신감과 열정이 넘쳐서 망하는 사람도 많다. 열정과 절제를 잘 조화시켜야 성공 확률이 높아진다. 사장의 절제 능력은 장사에서 명운을 좌우하기도 한다. 아우토반을 질주할 수도 있지만 위험이 발생하면 언제든지 브레이크를 밟을 수 있어야 한다. 열정을 다 바쳐 장사하면 어느 정도 궤도에 올리는 데 성공하지만, 그 후에 계속되는 자신감과 열정을 컨트롤하지 못해서 망하는 사람이 의외로 많다.

안경원은 젊었을 때부터 장사를 배우게 되는 곳이라서 열정을 발휘하고 활기차게 시작해서 성공하는 사람이 꽤 있다. 그런데 5년, 10년을 넘기지 못하고 쓰러지는 사람들도 그만큼 많다. 뜨거운 용광로의 반대편에는 반드시 냉각장치가 필요하듯이, 절제를 위한 장치를 마련해두는 것이 좋다. 가장 실천하기 쉬운 방법은 가까이에 있는 직원에게 수시로 물어보는 것이다. "나는 이렇게 생각하는데 네가 보기에는 어떤 것 같아?" "혹시 내가 요즘 놓치고 있는 게 있니?" 나도 이런 질문을 하곤 한다. 잠깐의 방심으로 치명타를 입을 가능성은 언제든 열려 있기 때문이다.

사장은 항상 자신을 객관화해서 볼 수 있는 능력이 있어야 한다. 자신감에 차 있고 열정이 가득한데 자신을 컨트롤하지 못한다면 자만심이 원인일 수 있다. 사실 욕심이 있어야 열정이 생기는 것이기 때문에 과도한 욕심과 열정을 구분하기가 쉽지 않을 수 있다. 내 마음에 가득차 있는 것이 자신감과 열정인지, 자만심과 과도한 욕심인지 그 차이를 구별하는 것은 이타심이다. 나의 이득만 생각하는 것이라면 자만심이 원인일 것이고, 나의 이익뿐 아니라 다른 사람에게 이익을 제공하면서 더 큰 발전을 이루겠다는 것은 자신감일 확률이 높다. 직원이나 고객이 가질 수 있는 잠재적인 이익까지 생각한다면 그건 열정이라 판단할 수 있다.

장사뿐 아니라 연예인이나 스포츠선수 중에서도 정상까지 올랐다가 추락하는 모습을 흔히 볼 수 있다. **남을 이해하는 심성이 없을 때 내리막은 시작된다.** 큰 장사꾼들은 많이 벌어서 많이 베푸는 걸 목표로 한다. 경주 최부자집이 그런 경우일 것이다. 이럴 때는 욕심을 내도 하늘이 도와준다.

Think it over

욕심과 열정, 자신감과 자만심에는 한끗 차이가 있을 뿐이라 절제하지 못하고 착각하기 쉽다.

성공했을 때 나태함을 경계하라

사람들은 돈을 조금 벌면 여유를 가지려고 한다. 대부분의 사람들이 경제적인 자유를 얻게 되면 고생한 대가를 보상받기를 원한다. 편안함을 추구하고 개인적인 여가 시간을 더 원한다. 안타깝게도 그때부터 장사는 내리막이 시작된다. 특별히 유흥에 빠지지 않더라도 이 부분을 간과하면 위기 신호가 올 수 있다.

물론 '내가 얼마나 많은 시간과 세월을 고생하면서 지내왔는데'라는 생각이 들 수 있다. 그러나 노력해온 그 긴장의 끈을 놓는 순간 장사하는 사람으로서의 존재 이유는 없어진다. 장사하는 사람으로 계속 존재하고 싶으면 긴장의 끈을 놓아서는 안 된다. 30년 동안 나도 주변에서 많은 장사꾼을 목격했다. 그런데 잘나가던 곳도 10년 정도 지나면 거의 대부분의 매장이 사장이 바뀌거나 업종이 바뀌었다. 왜 그런 일이 발생할까?

내가 대구에서 친구와 동업으로 안경원을 시작했을 때, 6명이 모여서 안경원으로 크게 성공했던 선배들이 있었다. 그분들이 만든 안경 브랜드는 대한민국에서 안경 가격파괴의 시초였다. 90년대쯤 그분들이 대구지하상가에서 처음으로 시도한 매장이 대박이 나면서 돈도 아주 많이 벌었다. 내가 군위에서 대구로 올라오면서 처음으로 간판을 달았던 곳도 그 선배들이 만든 브랜드였다.

당시만 해도 현금 거래였기 때문에 장사는 서민이 부자가 될 수 있는 직선 코스였다. 그런데 많이 버는 만큼 많이 썼던 것이 문제였다. 쉽게 버는 만큼 쉽게 쓰는 것이 생활화된 것이다. 계속 그렇게 잘 벌 수 있다는 가정 하에 개인 씀씀이를 통제하지 못하고 소비를 한 결과, 회사는 완전히 무너졌고 현재 안경업계에 남아 있는 분은 한 명도 없이 떠났다. 그때 만약에 1명이라도 제대로 된 경영인 마인드나 센스가 있었다면 대한민국 최고가 됐을 텐데 참 안타깝다.

현금 장사로 갑자기 돈을 많이 벌면 사이버머니를 쓰는 것처럼 현실감 없이 돈을 쓴다는 사람들이 있다. 도박에 빠지거나 그 돈이 어떤 힘을 가졌는지 인지하지 못한 채 돈을 쓰는 것이다. 그렇게 되면 돈을 버는 족족 그날 써버리는 일도 심심치않게 있다. 대부분은 유흥에 맛들여서 헤어나오지 못하는 것이다. 그러나 **호황 사이클이 지나가고 불황 사이클로 넘어가면 멘탈도 대비책도 안 갖춰져 있는 사람은 한순간에 훅 넘어진다.**

게다가 그런 사람들의 특징은 자기를 위해서는 돈을 쓰지만 남에게는 인색하다는 것이다. 직원들이나 고객들에게는 인색해서 자신이 어려울 때는 도와주는 사람이 없다. 동업이었다면 서로 싸우고 난리가 나기도 한다. 그래서 장사에도 철학이 있어야 하고 그래야 미래도 준비할 수 있다. 돈을 많이 벌든 조금 벌든 상관없이 내가 쓰는 돈을 일정하게 유지하면 미래를 대비할 여유가 생긴다. 그러나 버는 만큼 비례해서 씀씀이가 늘어나면 답이 없다. 그 사람들이 만약 목표가 있었다면 그렇게 되지 않을 것이다. 그래서 무슨 일을 하게 되든 꿈은 있어야 하는 것이다.

올라가는 데는 오랜 세월이 걸리지만 내리막을 걷기 시작하면 순식간에 없어지는 경우가 비일비재하다. 그래서 장사는 인내력을 가지고 꾸준히 오래 해야 잘한다고 평가하는 것이다. **오랫동안 장사가 잘 되는 사장을 보면 자기 기준과 철학이 있다.** 두 가지를 잘해야 하는데, **하나는 돈을 많이 벌어도 자기 생활에서 절제를 잘하는 것, 또 하나는 어제 오늘 잘 된다고 해서 내일도 잘 되리라는 보장이 없다는 걸 인지하는 것**이다. 계속 무리한 자기 확신으로 어제 통했던 성공 노하우가 내일도 통할 것이라고 믿으면, 무리하게 몰빵 투자를 하다가 망할 수 있다. 그리고 옛날 어르신들이 장사꾼들에게 하던 경고도 주의해야 한다. “주색잡기와 노름에 빠지지 말라”는 것인데, 무리한 투자 없이도 망할 수 있는 최악의 경우에 해당한다. 인간관계가 엮여서 “너도 가자” 할 때 거절할 수 있는 명분을 만들어놓는 것도 필요하다.

나 또한 5년 뒤, 10년 뒤 사라질지 모른다는 사실을 염두에 두고 거기에 대한 대비를 항상 마음속 깊이 하고 있다. 그만큼 장사는 생존율이 낮다. 30년간 많은 경험을 했고 노력했지만 나 역시 지금도 사라지지 않기 위해 노력하고 있다. 장사는 올라가기도 힘들지만 유지하기도 어려운 것 같다. 사장은 매일매일 긴장감으로 살아가는 것이 일상다반사다. 그렇지만 그 긴장감의 연속으로 이루어낸 성취감은 크다. 그 매력에 빠지는 사장만이 오래 가는 사장이 될 수 있다.

Think it over

잘나가는 사장님도 5년 뒤 또는 10년 뒤에 사라질 수 있음을 잊지 말라.

3분 요약 체크-〈Chapter.5〉 위기관리의 법칙

◎ 시야는 넓게, 판단은 빠르게. 남의 마음을 잘 알고 움직일 수 있어야 장사를 잘할 수 있다. 또 주변에서 장사에 성공한 사람을 보면 확실히 자신의 장점과 약점을 잘 인지하고 있다. 자신을 잘 아는 사람은 고수에게 기술과 태도를 배울 때도 빠르게 노하우를 습득하면서도 자기화함으로써 새로운 걸 만들어내는 경우가 많다.

◎ 소나기가 오는데 비를 안 맞을 순 없다. 장사하는 사장은 관심을 놓지 않고 세상을 공부해야 한다. 하늘이 내리는 소나기를 사람이 안 맞을 방법은 없다. 대신에 미리 우산을 준비한 사람은 덜 맞을 것이다. 또 비가 그친 후에 얼마나 빨리 말릴 수 있는지는 자신의 능력에 달려 있다. 여기에 세상의 흐름을 읽는 좀 더 세밀한 시각이 필요하다.

◎ 세상이 변화할 때 적응하는 법. 장사에서 이문을 남기는 방식에는 매출을 높이는 것과 이익을 높이는 것이 있다. 위기의 시대에는 성장보다는 생존을 목표로 삼는다. 경기 변동 외에도 장사하는 사람은 세상의 변화를 감지하지 못하면 도태되어 사라지는 경우가 수도 없이 많다.

◎ 작은 실패를 밑거름으로 삼는 법. 장사에 있어서는 핵심 역량을 사장이 쥐고 있어야 매장이 생명을 유지할 수 있다. 실패의 경험으로 내가 얻은 교훈은 하지 말아야 할 것과 내가 해야 할 것의 명확한 기준이다. 초보 사장이 작은 실패를 겪을 때마다 노하우를 하나씩 얻을 수 있다면 장사는 오래 가고 탄탄해질 것이다.

◎ 장사의 성공 비결은 마음 다스리기. 장사가 잘되는 사장도 진상 고

객은 언제든 만날 수 있으며, 그로 인해 화나는 상황에 노출될 위험은 늘상 있다. 그래서 마음을 다스리고 내려놓는 법을 익혀야 한다. 자기만의 화 푸는 방법을 장사하는 사람은 무조건 갖고 있어야 한다.

◎ 사장은 맛없는 식당 밥도 먹을 수 있다. 사장은 주변 상권에서 일하는 사람들에게도 평판이 좋아야 한다. 사장은 주변 식당 밥이 맛이 없어도 먹어야 된다. 그 식당과 연결돼 있는 고객들이 많기 때문이다. 매장 밖에서 움직이고 있는 모든 사람들이 나를 경험하고 우리 매장을 경험하여 알게 하는 것이 진짜 사장의 홍보다.

◎ 영업사원에게 절대 갑질하지 마라. 영업사원에게 갑질을 하다간 그 피해가 고스란히 사장에게 돌아온다. 영업사원들은 여러 곳을 다니면서 다양한 정보를 얻을 수 있는 사람들이다. 그 고급 정보를 얻기 위해서라도 사장이 먼저 그들을 배려해야 한다.

◎ 좋은 기운과 에너지를 모으는 법. 나도 장사를 하지만 다른 곳에서는 나도 판매자가 아니라 소비자가 된다. 그럴 때 너무 야박하게 하면 안 된다. 살면서 나쁜 기운은 될 수 있는 대로 안 만들어야 한다. 당장은 드러나지 않지만 그 기운은 나와 매장에 머무른다.

◎ 과도한 욕심과 열정은 다르다. 사장은 항상 자신을 객관화해서 볼 수 있는 능력이 있어야 한다. 내 마음에 가득차 있는 것이 자신감과 열정인지, 자만심과 과도한 욕심인지 그 차이를 구별하는 것은 이타심이다.

◎ 성공했을 때 나태함을 경계하라. 사람들은 돈을 조금 벌면 여유를 가지려고 한다. 대부분의 사람들이 경제적인 자유를 얻게 되면 편안함을 추구하고 개인적인 여가 시간을 더 원한다. 안타깝게도 그때부터 장사는 내리막이 시작된다. 그래서 장사는 인내력을 가지고 꾸준히 오래해야 잘한다고 평가하는 것이다.

내가 심은 나무는
내 생각만큼 자란다.

Chapter. 6

후회하지 않는 선택의 법칙

- 인수할 것인가, 새로 오픈할 것인가
- 2호점을 내면 두 배를 벌 수 있을까
- 나는 사업가 기질이 있는가
- 장사를 하면서 한계를 느낄 때
- 폐점해야 할 때를 알아차리기
- 매장의 마지막을 잘 정리하는 법

인수할 것인가,
새로 오픈할 것인가

초보 사장이 장사를 처음 시작한 이후부터 어느 정도 궤도에 올랐을 때, 사업으로 확장할지 고민할 때, 폐점을 고민할 때 등 성장 단계마다 선택의 기로에 서는 순간들이 있을 것이다. 그럴 때 선택의 기준을 세워놓는다면 적어도 최악의 경우는 피할 수 있을 것이다. 다음의 한 가지 사례를 함께 살펴보자.

3천 원에 칼국수를 파는 집이 있었다. 겨울에는 낙지나 문어 한 마리를 올려줄 정도로 재료를 아끼지 않는 곳이었다. 허름하고 추운 곳이었지만 칼국수의 맛은 그 장소에 비할 데가 아니다 싶게 맛있었다. 무엇보다 사장 할머니가 인심이 좋아서 단골이 아주 많았다. 근처에 있는 은행의 지점장이 저녁 때마다 그날 번 돈을 입금해주러 방문할 정도로 돈도 잘 벌었다. 게다가 장학 사업도 열심히 한다는 이야기까지 들렸다.

장사는 엄청 잘 되지만 사장 할머니는 어느덧 나이가 드셔서 다른 사람이 인수를 하게 됐다. 새로운 사장은 조카라고 했는데 맛은 비슷했지만 안타깝게도 친절함이 없었다. 일단 불친절은 둘째 치고 칼국수 만들 때 힘들어하고 짜증스러워했다. 손님한테 티를 낸 적은 없었지만 그래도 손님들 눈에는 보였다. 가게가 조그마한 곳이라 주방에서 일할 때 짜증내는 게 얼굴에 다 나타났다.

음식 맛은 똑같았고 가격도 똑같았기 때문에 처음에는 단골들이 계속 다녔다. 그곳은 주머니 사정이 힘든 사람들이 많이 가던 곳이라 이전 사장님은 들어온 손님이 대식가인지 소식가인지에 따라서 많이도 주고 조금도 줬다. 양이 많은 사람은 "저 많이 주세요" 하면 "걱정하지 마" 하면서 거의 두 배의 양을 주기도 했다. 그런데 새로운 사장이 인수하고 나서는 많이 달라는 사람에게 "남기시면 안 돼요"라고 정색하는 말투로 응대했다고 한다. 그런 모습은 그 말을 들은 당사자가 아니라 옆 테이블에서 목격한 손님에게도 정이 뚝 떨어지는 말이었다.

게다가 새로운 사장은 고객들이 둘이 와서 하나 시키는 걸 좋아하지 않아서 대문짝만하게 '1명 1주문'이라고 써붙여 놓았다. 손님 둘이 들어왔으면 두 개를 시키는지 도끼눈을 뜨고 쳐다보는 것이 느껴졌다. 그걸 보니까 손님들은 점점 부담감을 느끼기 시작했다. 먹다가 체할 것 같은 느낌이었다는 사람도 있었다.

아니나 다를까 6개월쯤 지나자 SNS에 악평이 올라오기 시작했다. 그전에는 누군가 가게가 허름하고 더럽다는 평을 달면 옹호하는 우호댓글들이 주루룩 달렸는데, 이제는 "그 집 이상해졌어요"라는 평이 달리기 시작했다. 전에는 호평일색이었는데 악플의 비중이 90%까지 뒤덮였다. 그전에는 지저분한 것이 그 가게만의 독특한 분위기였는데, 이젠 치명적인 약점이 된 것이다.

새로운 사장은 손님이 아주 많은 걸 보고 가게를 인수했을 것이다. 그런데 기술만 배웠지, 정말 중요한 것은 놓친 것 같다. 칼국수 집 이전 사장님과 비교가 되기 시작하자 장점도 단점이 되고 단점은 감당할 수 없는 단점이 됐다. 이런 것들은 가게가 망하는 결정적인 원인이 된다.

이론상으로 따지면 칼국수 집은 사장과 상관없이 맛만 잘 유지하고 레시피만 잘 관리하면 된다. 그런데 이 집은 사장을 보고 가는 집이기도 했다. 이 점을 제대로 파악하지 못한 것이 새로운 사장의 실수다. 바뀐 사장이 처음엔 조카라고 그랬으니까 처음에 단골들은 '그래도 가족이 물려받아서 다행이구나' 하는 좋은 마음이 있었을 텐데, 나중에는 '이왕 물려받을 거면 잘하지, 왜 저렇게밖에 못하냐' 하는 마음으로 바뀐 것이다. 아마도 단골들은 시행착오를 겪는 정도의 실수라면 봐줄 마음이 있었을 것이다. 그런데 실망이 배신감으로 바뀌면서 "거기 사장 바뀌고 이상

해졌어"라고 적극적으로 마이너스 홍보를 퍼뜨렸을 것이다.

나는 안경사 후배들이 매장을 인수하고 싶다고 조언을 구하면, 첫 번째 조건으로 절대로 사장이 열심히 했던 곳은 인수하지 말라고 이야기한다. 보통은 잘되는 곳으로 권리금을 주고 들어가는데, 사람들이 모이는 모습만 보고 들어가면 실패하기 십상이다. "그런 데는 절대 인수하면 안 돼"라고 말하면 대부분은 깜짝 놀란다. 이유는 그 집에서는 워낙 잘했기 때문에 비교당하면 조금만 잘못해도 손님이 다 떨어져나가기 때문이다.

장사의 고수들은 안 되는 집을 인수해서 없는 걸 만들어낸다. 자리가 좋아서 잘되는지, 사장이 독보적으로 잘하는 건지 제대로 구분할 줄 안다. 사장이 놀러다니느라 매장이 잘 안 되던 곳에서 장사를 일으키면 성공 확률이 훨씬 높다. 권리금도 적으니까 비용도 적게 들 것이다. 그런 점에서 사업과 장사는 다르다.

Think it over

장사를 시작할 때 가게를 인수해서 하고 싶다면 그곳 사장이 어떤 사람인지 잘 파악하고 결정하라.

2호점을 내면 두 배를 벌 수 있을까

내가 프랜차이즈 사업을 같이 하고 있다 보니까 가끔 장사하는 사람들 중에 이런저런 궁금증을 물어보는 사람들이 있다. 그중에는 첫 매장을 시작해서 성공시킨 후에 매장을 하나 더 내야겠다 결심하고 2호점을 냈던 사람들이 꽤 많다. "두 번째 매장은 머리 깨지는 줄 알았어요. 도대체 어떻게 하셨어요?" 이런 질문이 많다. 만약 아직 저지르기 전인 사람이라면 나는 웬만하면 2호점은 섣불리 하지 말라고 말한다. 대부분은 해보고 나서야 묻는 사람이 많은데, 실패 확률이 워낙 높다.

처음부터 여러 개 매장을 할 생각이었다면 미리 준비하고 실행해야 한다. 나는 20대부터 계획을 가지고 준비했던 경우라서 상대적으로 시행착오를 덜 겪었던 것 같다. 보통은 장사가 잘 된다 싶으면 주위에서 바람 넣는 사람이 등장한다. "야, 장사 잘 되는데 하나 더 해" 이러면 훅 넘어가기 십상이다. 첫 매장이 장사가 잘 됐던 것은 여러 가지 요인이 있을 텐데 그걸 세밀히 파악하고 있어야 나만의 장사 노하우로 축적될 수 있다.

사례를 하나 살펴보자. 홍대 앞에서 뉴욕 로컬펍을 콘셉트로 해서 문을 열었던 식당이 있다. 장사를 꽤 잘 했는데 이후 프랜차이즈 형태로 여러 곳에 매장을 열었고 그중 한 곳이 상암동 주택가였다. 처음 이곳이 문을 열자 맥주와 안주를 먹을 수 있고 식사도 가능해서 동네 주민들이 너도 나도 한 번쯤은 방문했다. 그런데 잘 될 것 같았던 이 집은 점점 사람들 발길이 뜸해졌다. 메뉴가 미국식 조리법이라 먹으면 느끼해서 가족들이 함께하는 외식으로 먹기에는 좀 부담이 됐던 것이다. 매장이 생긴 상암동은 가족 단위 고객이 많았는데, 조금 시간이 흐르자 내국인 대신 외국인 가족들이 많이 왔다. 이 동네에 외국인학교가 있어서 외국인 가족들도 많이 살았기 때문인데, 나중에는 한국인들은 가지 않고 외국인 가족들이 많이 가는 곳이 되었다.

그런데 외국인 고객들로만 유지하기에는 역부족이었는지 그 매장은 결국 1년을 채 못 버티고 문을 닫았다. 잘 생각해보면 지역적 특성이 맞지 않았던 점, 프로모션을 딱히 신경 쓰지 않았던 점 등을 실패 요인으로 꼽을 수 있다. 한 번 가고 다시는 가지 않았던 고객도 있었는데, 만약에 홍대에 있는 뉴욕 로컬펍 음식을 친구들과 가서 먹었다면 똑같은 메뉴여도 맛있다고 느꼈을지 모른다. 그걸 동네에서 가족과 먹으니까 느끼하다고 생각한 것이다. 또 한 가지 재밌는 점은 그곳이 문을 닫은 후 같은 자리에 버블티 까페가 들어섰는데 그건 장사가 잘 됐다는 것이다. 그 까페 역시 똑같이 홍대에도 프랜차이즈 매장이 있는 브랜드였지만, 하나는 흥하고 하나는 망했다. 코로나 팬데믹 시기에 그 동네에서 유일하게 잘 된 매장 두 곳이 있었는데 그중 한 곳이 이 버블티 매장이었다.

한 군데 매장이 성공했다 해도 옆동네로 가서 또 하나 하면 무조건 성공할 것이라 생각하는 것은 큰 착각이다. 누군가는 그렇게 해서 성공한 사람이 있을 수도 있으나, 누구에게나 해당하는 간단한 일은 아니다. 한 명의 사장이 두 개 이상의 매장을 한다면 그때부터는 장사에서 벗어나 사업의 영역으로 들어가게 된다. 장사와 사업의 차이는 뭘까? 장사에는 정이 개입되지만, 사업에는 정이 안 들어가도 된다. 사업은 수학적이고 과학적이고 시스템적으로 운영된다. 장사는 사장의 마음만 컨트롤을 잘 해도 오래할 수 있는데, 사업은 규모가 커지기 때문에 직원의 마음도 고객들 마음도 더 세밀하게 알아야 한다. 장사는 나만 열심히 해도 밥 먹고사는 데 큰 지장이 없는데, 사업을 하면 세상을 볼 수 있는 폭이 훨씬 크게 확장돼야 한다.

장사는 처음에 오늘 하루 벌어서 먹고살기에도 바빠서 돈을 쫓게 된다. 멀리 내다보고 투자하기가 쉽지 않다. 목구멍이 포도청인데 월세 주고 재료비 떼면 뻔한 이익을 가지고 멀리 볼 수 없는 게 현실이다. 게다가 매장을 여러 개 하면 매장 개수와 비례해서 수익이 오를 것이라고 생각하겠지만, 그렇지가 않다. 그래도 경쟁이 두렵지 않고 사업으로 키우고 싶은 욕심이 있다면 앞을 내다봐야 한다. 사업을 염두에 두는 사람은 돈보다는 꿈을 쫓아가는 경우가 더 많다. 사장이 며칠 없어도 충분히 돌아갈 수 있는 시스템을 만들 수 있어야 하며, 혼자서가 아니라 직원이나 타인을 통해 목표를 이룰 수 있는 능력이 있어야 한다.

글로벌 시장에서 사업을 했던 정주영 현대 창업주도 처음엔 쌀가게에서 장사로 시작했지만, 누구나 정주영, 이병철 같은 사람이 될 수는 없다. 장사를 하면서 사업 마인드를 함께 갖춘 사람은 찾아보기 힘들다.

장사는 직원에게 위임하면 끝이라고 했지만, 사업으로 키웠을 때는 위임할 수 있어야 시스템화가 가능하다. 고객 접객을 하면서 사업화도 준비해야 하니까 물리적으로도 시간을 쪼개서 일을 더해야 한다. 당연히 장사꾼이 사업가가 되는 것은 어려울 수밖에 없다. 사업으로 전환하려다가 소위 말해서 말아먹는 사람들이 참 많은 걸 보면 장사꾼 기질과 사업가 기질은 다른 걸 알 수 있다. 장사가 잘 되면 근거 없는 자신감이 생겨서 '나는 잘할 수 있을 거야'라고 자기도 모르게 용기가 솟아나와 일을 그르

치는 경우가 많다. 밥먹고 살면 된다고 생각하는 장사꾼과 달리 사업화를 생각하는 사람은 마인드와 목표부터 달라야 하고, 그에 대한 준비를 제대로 해야 한다.

Think it over ————————

장사를 넘어 사업으로 키우고 싶다면 직원과 소비자와 세상을 이해하고, 시스템을 만들 수 있어야 한다.

나는 사업가 기질이 있는가?

사업에는 리더와 조력자 역할을 하는 2인자가 있다고 흔히 말한다. 조력자 기질인 사람이라면 "장사 잘 되는데 더 키워 봐"라는 주변의 부추김이 있더라도 자제할 수 있어야 한다. 그런데 그 기질은 자신이 잘 모르기 때문에 테스트를 해보는 수밖에 없다.

매장 하나를 더 열어서 사업을 확장하자고 결정했다면, 보통의 사람들은 원래의 매장보다 비슷한 규모로 하거나 조금 작은 걸 하기 마련이다. 그러나 의미있는 시도가 되려면 두 번째 매장은 크게 해봐야 한다. 1호점보다 2호점을 더 크게 했다가 성공시키면 그 시도는 근거 없는 자신감이 아니라 진짜 실력이 된다. 더 큰 걸 해냈다면 1호점이 운이었다고 말하기 힘들다. 더 큰 매장을 성공시키려면 직원도 더 많이 있어야 하고, 1호점을 유지한 채로 2호점에 집중해야 하니까 실제로는 4배 이상의 에너지를 써야 한다. 장사를 사업화하는 게 타당한 시도인지 확실한 테스트가 되려면 두 번째는 확실히 더 크게 질러봐야 나중에 미련이 없다.

2호점을 처음 매장보다 2배 이상의 규모로 키워서 했는데 성공시켰다면 사업가로서 충분한 기질이 있다고 봐도 좋다. 큰 규모의 2호점까지 성공시키면 3호점, 4호점은 망해도 큰 타격이 없다. 기초가 탄탄해지기 때문에 쓰러지지 않고 재정비를 할 수 있다. 그후부터는 겁내지 않고 도전할 수 있다.

이태원에서 피자집을 했던 사람이 있다. 이전에 다른 매장을 하다가 실패하고 피자집을 차린 것이었는데, 다행히 장사가 잘됐다. 그걸 보고 아주 좋은 제안이 들어왔는데, 주변에 있던 대기업 건물에서 입점을 요청한 것이다. 한 번 망했던 경험이 있었기 때문에 그는 엄청 조심스러웠다. 입점 요청을 받은 매장은 5배가 넘는 크기였다. 원래의 피자집 매장에서는 4개의 테이블이 전부였는데, 새로운 곳은 20개의 테이블을 책임져야 했다. 월세를 싸게 준다고는 했지만, 원래 매장과는 손님 스타일부터 다를 것 같았다. 심각하게 고민을 한 결과 '그래도 한번 해보자' 승부수를 띄웠고, 결과는 대박이었다. 피자 하면 그 동네에서는 이제 이 집이 떠오를 정도였다. 그 사장은 한 번 망했던 경험이 있었기 때문에 더욱 신경 써서 2호점에 올인했다. 완전히 새로운 걸 한다는 개념으로 정성을 쏟았기 때문에 가능했던 결과였다. 그는 과거의 실패 경험이 없었다면 성공하지 못했을 것 같다고 말하기도 했다.

장사는 사람을 먼저 알아야 한다. 다양한 사람에 대한 임기응변이 가능해지면 장사를 잘할 수 있다. 장사를 처음 시작할 때, 매출이 올라가기 시작할 때 누구나 '사업으로 키워보고 싶다'는 생각을 할 수 있다. 그 마음을 실행에 옮겨 사업가 기질이 있는지 없는지 2배의 규모로 2호점을 해보는 테스트를 했을 때 잘 안 됐다면 절제력을 발휘해야 한다. 매장은 하나만 해도 알짜로 하면 충분히 돈을 벌 수 있다. 나에게 사업가 기질이 있는지 테스트하는 기간은 1년이면 된다. 2호점을 냈는데 미련을 안은 채 2년, 3년 적자가 나는 걸 질질 끌지 말아야 한다.

처음부터 사업가라고 도장 찍고 나온 사람은 없다. 장사를 시작할 때 사업화를 염두에 두고 있었다면 처음부터 사업의 기준을 가지고 시작해야 한다. 장사가 성장하는 단계마다 마인드를 재정비하고 사업에 대한 공부를 계속 하면서 대비해야 한다. 1호점에서 한 걸 그대로 2호점에 적용하면 안 된다. 직원 교육, 사장의 체력적 한계 등 아주 많은 변수가 도사리고 있다. 사장이 2호점을 오픈하느라 1호점에 출근을 안 하면 그만큼의 손실은 생길 수 있다는 걸 감안해야 한다. 그 손실은 어떻게 줄일 것인지 고민이 있어야 한다.

2호점을 내는 것은 본관 하나가 잘돼서 옆에 신관을 내는 것과는 다른 개념이다. 첫 번째는 운이 따라줘서 잘 된 것일 수 있다. 그러나 두 번째까지 잘 되고 나면, 세 번째부터는 패턴이 되고 네 번째부터는 룰이 된다. 그후로는 장사가 쉬워진다. 룰이 파악되면 그때부터는 세팅한 대로 끼워넣으면 되니까 망할 확률이 급격하게 줄어든다. 그래서 20개 넘는 매장을 하는 사람도 있는 것이다.

Think it over

처음 매장을 열었는데 잘 됐다면 운이 좋아서인지, 내가 잘해서인지 파악할 수 있어야 한다.

장사하면서 한계를 느낄 때

장사를 하다 보면 사장으로서 한계를 느끼거나 권태기가 찾아올 때가 있다. 특히 매장을 오픈하고 성장하기 시작할 때, 고비가 있을 때마다 '내 그릇의 크기가 이것밖에 안 되는 걸까' 하는 생각에 괴로울 때가 있다. 매출 신장, 세금, 투자금 회수, 직원 교육, 고객 응대 등에서도 어려움이 생길 수 있고, 사장의 개인적인 문제 때문에 장사에 지장을 받을 수도 있을 것이다.

'고객의 부당한 요구사항을 어디까지 들어줘야 하나?', '이 장사를 언제까지 해야 되나? 이 정도에서 멈출까? 더 열심히 해야 되나?', '내가 왜 사서 이런 고생을 하고 있나?' 이런 질문들이 불쑥불쑥 솟아오를 때가 있을 것이다. 그런 걱정과 고민은 자신의 내공 수준에 영향을 받는다. 고민되는 부분에 대해 정면 돌파를 선택할 수도 있고, 거기서 멈춰버리거나 회피하는 선택을 할 수도 있을 것이다. 그러나 당장이 괴로워서 피하기만 한다면 얼마 못 가서 결국엔 포기해버리는 지경에 이를지도 모른다. 사장은 이때 자신의 마음과 대화할 수 있어야 한다.

장사는 매일매일 일어나는 가지각색의 다양한 일들에 대해 대처하는 과정이다. 문제가 생겼을 때 마음이 어떻게 작동하는지에 따라 사장의 그릇이 정해진다. 인간의 뇌는 생각하는 대로 움직인다. 문제가 있을 때 당장은 버겁더라도 한계를 느낄 때가 새롭게 태어날 기회라고 생각한다면 능력을 발휘할 수 있을 것이다.

인간은 누구나 물리적 한계와 시간적 한계를 똑같이 가지고 살아간다. 장사하는 사람도 마찬가지로 물리적, 시간적 한계 때문에 동시에 여러 개를 책임질 수 없는 부분이 생길 수 있다. 선택의 기로에 서게 되는 문제 중 가장 많이 본 것은 매장을 키우는 데 올인하느라 가정에 소홀하게 되는 것이다. 예전에 대구에서 나와 동업을 했던 친구는 이 문제 때문에 엄청나게 큰 스트레스를 받았다. 집에서는 가정적인 사람을 원하는데 장사를 하면서 현실적으로 거의 불가능하니까 매일 술로 스트레스를 풀려고 했다. 나중에 헤어져서 각자의 매장을 하게 되어 친구를 한동안 보지 못했다. 몇십 년이 지나고 소식을 들었는데, 지금은 장사를 접고 다른 매장의 직원으로 일하고 있었다. 워라밸을 중요시하는 세상에서 균형 잡기란 참 어렵다는 생각이 든다.

일과 가정에서 균형을 잡든, 일과 휴식에서 균형을 잡든, 변하지 않는 사실은 매장에 신경을 조금만 쓰고는 큰돈을 벌 수 없다는 것이다. 적어도 매장이 시스템을 갖추고 안정적으로 돌아갈 수 있기까지는 일정한 시간의 투자가 필요하다. 돈도 많이 벌어야 되고 집에도 일찍 들어가야 하는 상황이라면 처음부터 다시 생각해보는 것이 좋다. '나는 어떤 사장이 되고 싶은가?' 스스로에게 물어봐야 한다.

조금 일하고 조금 벌 생각이라면 개점 시간, 폐점 시간, 휴무일을 처음부터 정해놓고 철저하게 지키는 콘셉트의 매장을 하면 된다. 대신 정해놓은 영업시간이 있어서 더 벌지 못하는 것에 대해서는 미련을 끊어야 한다. 그렇지 않고 매장에 올인해서 크게 성공하고 싶다면 아내와 아이들과 충분히 이야기를 해보고 이해를 얻는 것이 좋지 않을까.

그동안 주위의 장사하는 사람들을 봤을 때 가정에 충실한 사람도 있었고, 장사에 매달리다가 가정이 파탄난 사람도 있었다. 형식적으로만 가정을 유지하고 있는 사장도 있는데, 일에만 신경쓰다 보면 집에는 소홀하기가 쉽기 때문에 그 결과 가정에서 갈등을 겪는 것이다. '수신제가치국평천하(修身齊家治國平天下)'라는 말이 장사하는 사람에게는 쉽지가 않다. 매장을 성공시키기 위해서 가정도 포기한다는 각오로 전력을 다해야 잘 될까 말까다.

장사로 큰 성공을 하고 싶다면 반드시 생각해봐야 할 중요한 대목이다. 대부분의 사장은 일과 가정을 함께 만족시킬 수 없다. 두 가지 다 완벽하게 하려다가 이도 저도 아닌 것이 되고 만다. 특히 남편 혼자서 장사하는 상황이라면 절대적으로 필요한 것이 아내의 내조다. 어느 정도는 아내의 이해가 필요하다. 이것은 장사의 규모를 결정할 수 있는 중요한 척도다.

장사를 하려면 올인해서 전력을 다하지 않으면 성공하기 힘든 것이 현실이다. 온 가족이 붙어서 장사에 올인한다면 서로 대화할 시간을 만들 여건이 될 것이다. 부부 중 한 사람만 장사를 하는 경우에도 이해와 협력을 구하기 위한 대화를 충분히 하고 협의한 뒤에 준비를 하는 게 좋지 않을까 생각한다.

특히 **젊은 사장들에게는 가정생활과의 조화를 반드시 고민해보고 시작하라고 말하고 싶다.** 장사를 하다 보면 대부분 늦게 끝나니까 직장인과는 라이프 스타일이 다르다. 매장을 지키자니 아이들에게 소홀하고 아내에게 미안하다. 사람 도리를 못하는 것 같고 우왕좌왕 하다가 매장을 자꾸 비운다. 결혼하고 신혼일 때 장사를 늦게 마치는 남편 대신 아내가 알아서 병원에도 가고 시장도 보고 해야 되는데, 요즘 젊은 부부를 보면 남편이 없으면 아무것도 못하는 아내도 있다. 아내가 남편의 장사를 위해 희생한다기보다 역할 분담을 한다고 생각하고 슬기롭게 의견 조율을 하면 좋겠다. 그걸 이해시키는 게 어려워서 병원 가느라 두세 시간 문 닫고 아이 행사에 참석하느라 또 빠지고 그러다가 서서히 매출이 떨어지는 경우를 많이 봤다. 실제로 매출이 반타작으로 내려앉는 경우도 많다.

물론 시대가 바뀌긴 했다. 그렇지만 잘 생각해봐야 한다. 지금 놀아주는 아빠는 잠깐의 즐거움을 주는 것이다. 그런데 아이가 스무살, 서른살이 됐을 때 아버지가 경제력이 없다면 고맙다는 마음은 없고 원망만 가득할 것이다. 장사하는 아버지는 지금 못 놀아주는 걸 마음 아파하기보다 자식들에게 성실한 모습, 노력하는 모습을 보여주는 것이 낫지 않을까.

옆집과 비교를 하면서 아빠가 안 놀아준다고 불만인 게 영 신경쓰인다면 결국엔 자신이 선택해야 한다. 두 가지 다 잘하는 사람은 없다. 그래서 장사를 시작하기 전에 부부가 충분히 이야기를 나누고 협의 하에 원칙을 정하면 좋겠다.

Think it over

매장에 조금만 신경쓰고 큰돈을 벌 수 있는 방법은 없다.

폐점해야 할 때를 알아차리기

트렌드가 바뀌는 것이 감지될 때 사장은 두 가지 방향으로 대책을 마련할 수 있다. 트렌드에 맞춰서 신상품을 준비하거나 시스템을 바꿔보는 것, 또 한 가지는 내가 세팅한 것이 수명을 다했거나 실패했다 판단하고 바로 접는 것이다. 매장이 잘 굴러가고 있는지는 매달 수치 분석을 통해 체크하는 것이 좋다. 전년 대비 수치와 전월 대비 수치를 분석하고, 마이너스 성장이 2년 이상 계속된다면 빨간 불이 들어왔다고 봐야 한다. 가능성 없는 상황에서는 결단을 빨리 내려야 한다.

장사를 처음 시작하고 나서 최소 3년은 수기로 매출노트를 쓰는 것이 좋다. 10년간 매일 수기로 매출노트에 마감을 하는 사람도 많다. 그렇게 하다 보면 감각적으로 변화를 감지할 수 있다. 지금이 2022년 3월이라면 2022년 2월과 2021년 3월 매출 관련 데이터를 비교해보는 것이다. 정상적인 상황이라면 단골이 늘어나고 신규 고객이 유입되면서 매출 수치는 분명 올라야 한다. 5%, 아니 2%라도 올라야 하는데, 만약 멈춘 상태이거나 마이너스라면 문제의식을 느껴야 한다.

초기의 매장이라면 매출 증가율이 연 10% 정도는 돼야 성장하고 있다고 볼 수 있다. 10년 이상 오래 했던 매장이라면 매년 10% 성장할 수는 없겠지만, 그렇다 해도 성장세는 계속돼야 한다. 업종별로 아무리 노력해도 월 매출 5천만 원 이상은 힘들다는 한계는 있을 수 있다. 그러나 초기 매장의 성장세가 원활하지 않다면 내가 뭔가 잘못하고 있는 것이 없는지 세밀히 살펴야 할 것이다. 10년이 아직 안 된 매장인데 '언제나 똑같다'는 느낌이라면 비상이다. 매장에 변화가 필요하다는 뜻이다. 이익구조나 콘셉트를 바꾼다든지 여러 가지로 고민해봐야 한다. 만약 마이너스가 계속된다면 빨리 접는 게 상책이다.

이것은 2호점을 열었을 때도 마찬가지다. 1년 동안 전월 대비 마이너스가 반복된다면 빨리 접어야 한다. 코로나라든가 자연재해라든가 내가 통제할 수 없는 외부적인 영향이 있을 때는 어쩔 수 없지만, 매출 증가 없이 정체되고 있다면 적신호다. 매출이 계속 줄어든다면 빨리 결단을 내려야 한다. 내리막을 탄 장사는 올리기가 힘들다. 몇 배의 투자를 투입해도 올라간다는 보장이 없다. 2년 이상 마이너스라면 미련 없이 접어야 한다.

2호점을 냈을 때 보통은 폐점을 결심하는 타이밍이 늦다. 2년 만에 승부를 보지 못했다면 빨리 신호를 감지하고 접어야 한다. 그래야 재정비하고 새롭게 시작할 수 있다. 실제로는 1년 하고 나서 마이너스 사인을 보고도 접지 못하는 사람이 많다. 미련이 남기 때문이다. 몇억 원을 투자했는데 1년 만에 쉽게 문 닫을 수 있는 사람은 별로 없을 것이다. '설마', '혹시' 하는 마음이 남기 마련이다. 보통은 2년, 3년 흘러간 뒤 진이 다 빠지고 돈은 돈대로 쓴 상태에서 뒤늦게 그제서야 포기한다.

그런데 **장사의 고수들은 목표치에 이르지 못하면 미련을 떨치고 빨리 접는다.** 돈만 보는 것이 아니라 자신의 의지와 에너지가 낭비되는 걸 볼 수 없기 때문이다. 툭 털고 다시 시작할 기회를 더 가치 있게 보는 것이다. 전년 대비, 전월 대비 수치를 분석하면서 변화도 주고 인테리어도 바꾸는 시도를 계속했는데도 2년 연속 마이너스 성장이라면 확실하게 미련을 접을 수 있을 것이다.

대신 어쩔 수 없이 폐점할 때는 '왜 안 됐을까?' 분석하는 과정을 꼭 거쳐야 한다. 그렇게 비싼 수업료를 치렀으니 배우는 게 있어야 한다. 절망에 빠져 있기보다는 기준을 세워 빠르게 결단하고 다음을 기약하는 것이 결국엔 나를 위해 좋다. 세상은 오르막과 내리막이 있지만, 장사에서 한 번 내리막에 들어서면 거의 올릴 수 있는 방법이 없다. 그게 가능하려면 획기적인 변화, 과감한 투자가 이뤄져야 한다. 그렇지 않은 이상 내리막을 탄 매장을 옛날 명성으로 끌어올리는 건 불가능하다.

장사가 내리막이라는 건 고객이 떠나갔다는 걸 의미한다. 한 명씩 일대일로 설득해도 올까 말까 한 고객을 한꺼번에 끌어오는 건 어려운 일이다. 고객의 마음이 떠났던 건 내가 만족을 못 시켰다는 뜻이다. 장사는 사업과 달라서 떠난 고객은 안 온다고 보면 맞다. 대단한 홍보비, 완전한 인테리어로 탈바꿈하면서 기사회생시키느니 그 비용, 그 시간, 그 에너지를 가지고 새로운 걸 시작해 열정을 쏟는 게 낫다. 시행착오를 겪었으니 새로운 판을 짜는 게 성공 확률이 더 높다.

한 번 실패한 사장은 두 번째는 절대 악수를 두지 않을 것이다. 2호점, 3호점 늘리기보다 지금의 매장에서 자신이 할 수 있는 한계 범위 내에서 고객 만족을 극대화하려고 할 것이다.

Think it over

매출 관련 수치를 매일 들여다보고 분석해보라.

매장의 마지막을 잘 정리하는 법

매출이 잘 나오고 있던 매장을 접고 장사를 1년 쉬었던 적이 있다. 나는 지쳐 있었고 가치관이 충돌하며 혼란스러운 상태였다. 당시에 지인들은 직원들을 두고 유지는 하라고 내게 조언했지만, 한 다리만 걸쳐놓고 발 담그고 있는 건 싫었다. 사장이 끝까지 책임지고 할 거면 해야지, 그게 안 되면 깨끗이 손을 떼는 게 맞다고 생각했다. 그래야 심사숙고해서 다시 도약할 수도 있고 다른 길로 갈 수도 있는 법이다. 그래서 나는 그렇게 결단을 내리고 월 매출이 1억 원씩 나오는 매장을 직원들에게 나눠준 적이 자주 있었다.

매장의 인수대금은 1년이 됐든 2년이 됐든 편한 대로 나눠서 갚으라고 했더니 주변 사람들 아무도 그 말을 믿지 않았다. 누가 그 매출 잘 나오는 매장을 그냥 넘기냐면서 거짓말이라고 수근댔다. 지금 생각하면 그건 객기였던 것 같기도 하다. 지금도 그때의 일을 후회하지는 않는다. 다만 시간이 지나고서 다시 고민되는 부분은 있다. 누군가 "그때로 다시 돌아간다면 어떻게 하실래요?"라고 묻는다면 그렇게 하지 않겠다고 대답할 것이다. 물론 지금도 그게 옳다고 생각은 하지만, 결과적으로는 내가 직원들을 망쳤다는 자책감이 들기 때문이다.

나에게서 매장을 인수받은 직원들은 결국 망해버렸다. 그 사람들은 실력이 없어서 망한 게 아니라 관리가 안 돼서 망한 셈이다. 쉽게 얻은 기회를 당연하게 여기다가 방탕해졌는지도 모르겠다. 준비가 되지 않은 사람에게 큰돈을 주면 관리가 안 된다. 그런 측면에서 보면 내가 잘못한 것이란 생각이 든다. 받는 쪽에서는 준비가 안 된 상황이었는데 뜻하지 않게 잘 되는 가게를 부담 없이 가지게 되니까 롱런하지 못한 것이다. '내가 만약에 직원들에게 그렇게 주지 않았다면……' 하는 생각이 든다. 단련을 시키면서 때를 기다리게 했어야 좋았지 않았을까 싶은 것이다.

다른 한편으로는 나누는 마음을 가졌기 때문에 내가 더 잘됐을지도 모르겠다 싶기도 하다. 내가 만약에 욕심을 냈더라면 이만큼 크지는 못했을 것 같다. 순수한 마음을 가지고 정리했기 때문에 이후에 내가 하는 모든 행동에 좋은 기운을 부여받았을 것이라 추측해본다.

장사는 잘 되고 있지만 몸이 너무 힘들어서, 직원들이 점점 일하기 싫어하니까 관리가 힘들어서, 진상 고객 수가 점점 늘어나니까 스트레스를 견딜 수 없어서 등 다양한 이유로 매장을 넘겨버리고 쉬고 싶다는 사람이 있을 것이다.

매장을 팔 때는 두 가지 유형을 볼 수 있다. 매장을 생각하는 사장과 돈을 생각하는 사장이다. 매장에는 내 혼이 들어 있다고 생각하는 사람은 돈만 많이 준다고 해서 넘기지 않는다. 가게를 팔았어도 거기에 내 혼이 있다고 생각하면 신경이 쓰일 것이다. 물론 돈을 받고 나면 금전 관계, 법적인 관계는 끝나지만, 자식 같은 매장이 신경쓰일 것이다. 반면에 돈을 생각하는 사람은 인수금만 많이 주면 팔고 빠질 것이다.

매장에 혼을 담은 사람은 그 매장을 영원히 지킬 수 있는 사람에게 팔고 싶어할 것이다. 인수대금이 좀 적더라도 롱런할 수 있는 자질을 갖추고 있는 사람인지 살펴볼 것이고, "벌어서 갚아라" 하고 줄 수도 있다. 같이 일하던 직원이라든지 남들은 모르는 그 매장에 담긴 사연을 잘 알고 있는 사람에게 주고 싶어할 것이다.

또 다른 케이스로 장사가 잘 안 돼서 망해가고 있는 매장이라면 어떻게 마무리해야 할까? 문 닫을 용기가 없어서 질질 끌고 가다가 빚을 늘리는 경우가 태반이다. 부자가 되기 위해 장사를 시작할 때도 용기가 필요하지만, 접을 때도 마찬가지로 용기가 필요하다. 누가 알까 봐 창피해서 폐업을 하지 못하는 사람도 있는데, 진짜 미련 없이 털어야 한다. 실패는 성공의 어머니라는 말을 누구나 알고 있지만, 장사에 한 번 실패하고 영원히 망했다고 생각하는 사람들이 아주 많다.

기회가 또 온다는 생각을 못하기 때문에 과감히 처리하지 못하는데, 50이 되기 전에 다시 시작할 용기를 낼 수 있어야 한다. 생활비도 들어가고 개인 씀씀이도 있겠지만, 빚이 계속 늘어나고 있는데 매장이 굴러가고 있다고 착각한 채 자기 인생을 갉아먹고 있으면 안 된다. 과감히 접고 월급쟁이 생활을 하더라도 다시 시작해야 한다. 진짜 쓰라리고 고통스럽고 창피하지만 다시 원점에서 시작해야 한다.

다시 원점에서 왜 그렇게 됐는지 되돌아보고, 내가 왜 망했는지 모르겠으면 또 다시 고수를 찾아가야 한다. 수학 문제를 풀었는데 못 풀고 또 틀렸으면 선생님을 찾아가야 한다. 혼자서 또 풀어봤자 해결하기 힘들다. 모든 걸 내려놓고 창피함을 뒤로 하고 용기를 내야 한다. 나이가 많다며 핑계댈 필요없다. 20대 같으면 어디 가서든 부딪히는데 40이 넘으면 그걸 잘 못한다. 그래도 용기를 내서 한 번 부딪히면, 딱 그것만 하면 다시 성공할 확률이 엄청나게 높아진다. 리셋하고 다시 고수를 찾아가 또 월급을 받으면서 배우는 것이다. 안 되는 매장을 억지로 유지하면서 끌고 가다가 망하는 것이나 빨리 접고 밑바닥에서 배우는 것이나 창피함은 똑같다. 적자의 쓰라림을 지속하는 것보다 창피함을 용기로 바꾸고 다음 수를 생각하는 것이 더 현명하다.

우리 안경원에도 직원 면접을 볼 때 자기 사업을 했던 안경사가 지원하는 경우가 있다. 그들의 특징은 풀이 다 죽어 있다는 것이다. 기가 다 빠진 상태가 될 때까지 끌고 가다가 포기하는 일은 없었으면 좋겠다. 번아웃되다시피 한 상태에서 포기하면 이도저도 아닌 것이 된다. 껍데기만 남기 전에, 불씨가 꺼지기 전에 정리해야 살아갈 힘은 남길 수 있다.

인생에 처음으로 장사에 도전하는 사람이라면 40대 중반이 되기 전에 승부수를 던져보면 좋겠다. 인생을 살아본 40대에는 생각의 깊이가 다르니까 성공률을 높일 수 있다. 승부수를 띄웠는데 장사로 안 됐다면, 인정하고 빨리 다른 길을 찾아야 한다. 의욕을 가지고 다시 인생을 꽃피울 마음의 불씨는 남겨둬야 한다.

Think it over

살아갈 에너지는 남아 있을 때 접을 용기를 내야 한다.

3분 요약 체크-〈Chapter.6〉 후회하지 않는 선택의 법칙

◎ 인수할 것인가, 새로 오픈할 것인가. 초보 사장이 장사를 처음 시작한 이후부터 어느 정도 궤도에 올랐을 때, 성장 단계마다 선택의 기로에 서는 순간들이 있을 것이다. 만약 인수하고 싶다고 조언을 구하면, 사장이 열심히 했던 곳은 절대로 인수하지 말라고 이야기한다. 장사의 고수들은 안 되는 집을 인수해서 없는 걸 만들어낸다. 자리가 좋아서 잘되는지, 사장이 독보적으로 잘하는 건지 제대로 구분할 줄 안다.

◎ 2호점을 내면 두 배를 벌 수 있을까? 한 명의 사장이 두 개 이상의 매장을 한다면 그때부터는 장사에서 벗어나 사업의 영역으로 들어가게 된다. 사업은 수학적이고 과학적이고 시스템적으로 운영된다. 사장이 며칠 없어도 충분히 돌아갈 수 있는 시스템을 만들 수 있어야 하며, 혼자서가 아니라 직원이나 타인을 통해 목표를 이룰 수 있는 능력이 있어야 한다.

◎ 나는 사업가 기질이 있는가? 매장 하나를 더 열어서 사업을 확장하자고 결정했을 때, 의미있는 시도가 되려면 두 번째 매장은 크게 해봐야 한다. 더 큰 매장을 성공시키려면 4배 이상의 에너지를 써야 한다. 장사를 사업화하는 게 타당한 시도인지 확실한 테스트가 되려면 두 번째는 확실히 더 크게 질러봐야 나중에 미련이 없다. 장사를 시작할 때 사업화를 염두에 두고 있었다면 처음부터 사업의 기준을 가지고 시작해야 한다.

◎ 장사를 하면서 한계를 느낄 때. 장사를 하다 보면 사장으로서 한계를 느끼거나 권태기가 찾아올 때가 있다. 장사는 매일매일 일어나는 가

지각색의 다양한 일들에 대해 대처하는 과정이다. 문제가 생겼을 때 마음이 어떻게 작동하는지에 따라 사장의 그릇이 정해진다. 선택의 기로에 서게 되는 문제 중 가장 많이 본 것은 매장을 키우는 데 올인하느라 가정에 소홀하게 되는 것이다. 일과 가정에서 균형을 잡든, 일과 휴식에서 균형을 잡든, 변하지 않는 사실은 매장에 신경을 조금만 쓰고는 큰 돈을 벌 수 없다는 것이다.

◎ 폐점해야 할 때를 알아차리기. 매장에 마이너스 성장이 2년 이상 계속된다면 빨간 불이 들어왔다고 봐야 한다. 가능성 없는 상황에서는 결단을 빨리 내려야 한다. 내리막을 탄 장사는 올리기가 힘들다. 몇 배의 투자금을 투입해도 올라간다는 보장이 없다. 장사의 고수들은 목표치에 이르지 못하면 미련을 떨치고 빨리 접는다. 돈만 보는 것이 아니라 자신의 의지와 에너지가 낭비되는 걸 볼 수 없기 때문이다. 장사가 내리막이라는 건 고객이 떠나갔다는 걸 의미한다. 고객의 마음이 떠났던 건 내가 만족을 못 시켰다는 뜻이다. 장사는 사업과 달라서 떠난 고객은 안 온다고 보면 맞다.

◎ 매장의 마지막을 잘 정리하는 법. 장사는 잘 되고 있지만 다양한 이유로 매장을 넘겨버리고 쉬고 싶다는 사람이 있을 것이다. 부자가 되기 위해 장사를 시작할 때도 용기가 필요하지만, 접을 때도 마찬가지로 용기가 필요하다. 안 되는 매장을 억지로 유지하면서 끌고 가다가 망하는 것이나 빨리 접고 밑바닥에서 배우는 것이나 창피함은 똑같다. 적자의 쓰라림을 지속하는 것보다 창피함을 용기로 바꾸고 다음 수를 생각하는 것이 더 현명하다. 승부수를 띄웠는데 장사로 안 됐다면, 인정하고 빨리 다른 길을 찾아야 한다. 의욕을 가지고 다시 인생을 꽃피울 마음의 불씨는 남겨둬야 한다.

에필로그

스스로에게 자신감을 불어넣는 법

안경사들은 안경원에 들어갈 때 대부분 자기 매장을 내고 싶다는 목표를 품고 입사한다. 그래서 안경사들은 그 사장에게 얼마나 배울 수 있을지 충분히 따져보는 경우가 많다. 우리 안경원에서도 마찬가지인데 그런 이유로 직원 교육은 자연스럽게 장사 교육이 되기도 한다.

매장을 잘 키워서 성공시키려면 사장은 몇 가지 자질을 갖추고 있어야 하는데, 내가 자주 이야기하는 것은 5가지다. 자신감, 독보적인 기술력, 생각을 키우려는 노력, 경쟁을 두려워하지 않는 것, 좋은 습관 등이다. 그중에서 자신감에 대한 이야기를 마지막으로 해보려 한다.

자신감(self-confidence)이란 사전적 의미로는 어떠한 일을 능히 잘할 수 있다고 자기 자신을 믿는 감정을 말한다. 장사는 물론이거니와 인생을 살아가는 데 있어서 가장 중요한 것을 꼽으라

한다면 자신감이 아닐까 생각한다. 왜냐하면 스스로를 믿어야만 주위 사람들도 나를 믿어주기 때문이다. 스스로를 믿는 사람은 말과 행동, 억양, 태도 등에서 쉽게 나타난다. 장사에서 자신감은 곧 잘 파는 능력이고, 매장 안에서의 자신감은 가장 흔하게 목소리로 나타난다. 목소리에서 에너지가 넘치면 자신감이 전달되기 때문에 고객들도 은연중에 그걸 느끼고 좋아한다.

자신감은 표현이 과하면 자만심으로 보이고, 부족하면 의욕이나 열정이 없는 사람으로 오해받을 수 있다. 그래서 살아가면서 반드시 적정선을 익혀야 한다. 자신감과 자만심의 차이는 종이 한 장 차이라서, 나는 자신감 넘치게 했는데 상대는 거만하게 볼 수도 있다. 이 두 가지를 구별하는 기준은 '실력이 있느냐 없느냐'다. 자신있어 하는데 실력이 형편없으면 고객은 어이가 없다. 직원들을 평가할 때도 마찬가지인데, 말로만 기가 좋은 사람이 매출로 실력을 보여주지 못하면 허풍이 된다.

혹여나 실패를 해도 다시 일어설 수 있는 것은 자신감이 있기 때문이다. 자신감이 쌓여 있는 사람은 삶에 대한 확신이 생기며 성공할 확률이 높아진다. 나는 많은 사람들을 만나고 직원들을 고용해서 겪어봤지만 의외로 자신 없어하는 사람이 많다. 자신감은 '내면의 힘'이라고 생각한다. 조금 과하면 주위 사람들은 자만한다고 오해할 수 있지만, 자신감은 성공으로 가는 길목에 필요한 연료다. 연료가 충분하면 아무리 멀리 간다 해도 지치지 않고 먼 길도 어려움 없이 갈 수 있다.

성악가 조수미가 유럽으로 유학 길을 떠났을 때 그녀는 자신감이 넘쳤다. 트렁크 하나 달랑 들고 갔는데, 엄마께 생활비 보내달라는 말을 절대 안 했다고 한다. 당시는 유럽인들이 대한민국이란 나라가 어디 붙어 있는지도 모를 때였는데, 그녀가 생활비를 마련하는 방법은 콩쿠르에 나가는 것이었다. 상금을 타면 한동안 생활비로 쓸 만큼 받았기 때문이다. 그런데 1등 할지는 어떻게 알고 그런 계획을 짰을까? 그녀는 언제나 "1등은 무조건 나니까"라고 생각했다고 한다. 실제로 조수미가 콩쿠르에 나온다는 소문이 돌면 자진해서 지원을 포기하는 사람도 있었다고 한다. 실력을 겸비한 자신감이었기 때문에 가능했던 일일 것이다.

장사하는 사람은 '할 수 있다', '안 되면 되게 한다', '인간의 능력은 무한하다'는 자신감으로 채워야 한다. 이런 자신감 속에 꼭 갖춰야 할 덕목이 있다면 겸손 또는 하심(下心)이다. 하심은 자기를 낮추고 남을 높이는 마음을 말하는데, 자신감이 넘치면서도 남을 이해하고 배려하는 마음이 함께 공존해야만 고객에게 빛을 발할 수 있다.

자신감이 생기면 좋은 것이 있다. 이 세상이 살 만하다는 생각이 든다는 것이다. 누군가는 나를 도와줄 것이라는 확신, 긍정적인 생각이 솟아난다. 항상 긍정적인 에너지가 충전돼 있으면 고객들에게도 전염된다. 그런 긍정 에너지는 연습하고 단련하면 충분히 가질 수 있다. 시간은 좀 걸리겠지만 반드시 키울 수 있는 능력이다. 이미 성공한 사람들이나 목사님, 스님, 신부님, 수녀님 같은 한 차원 높은 긍정적 에너지를 가진 사람들을 만나는 것도 도움이 된다.

젊은 직원들은 "자존감이 떨어진다"는 표현을 자주 쓴다. 자존감에 상처를 받았다며 그만두는 식이다. 그럴 때마다 참 안타깝다는 생각이 든다. 자신감이 부족하다거나 능력이 부족하다는 생각은 별로 안 하기 때문이다. 자신감이 생기면 자존감에는 상처가 생기지 않는다. 자신이 없다면서 자존감만 챙기는 건 뭔가 이율배반적인 이야기 같다.

장사를 이제 막 시작했거나 준비하고 있는 초보 사장에게는 특히나 자신감이 많이 필요할 것이다. 내 경험을 공유하자면 자신감을 키울 수 있는 두 가지 방법이 있다. 하나는 매일 아침 거울을 보면서 "나는 멋있는 놈이다", "나는 잘할 수 있다", "나는 성공한다" 같은 구체적인 멘트를 쉼 없이 계속 말하는 것이다. 또 하나는, 자기가 좋아하는 스포츠나 취미 활동을 하면서 그것을 통해 자신감을 회복하는 것이다. 나에게 그것은 자전기 타기였다.

성인이 되고 사업을 할 때도 내가 유일하게 할 수 있는 스포츠는 자전거 타기였다. 힘들고 어렵고 괴로울 때 나는 언제나 자전거를 탔다. 그러고 보니 대구에서 안경원 프로모션 행사를 할 때도 나는 자전거를 사은품으로 걸었다. 새벽 5시 정도에 일어나서 자전거를 타곤 했는데, 겨울에는 그 시각에 온 세상이 깜깜하다. 그때 자전거를 타고 달리면 세상이 모두 내 것처럼 느껴진다. 그 시간을 통해 '나는 이 세상에서 유일한 존재이고 무엇이든 잘할 수 있다'고 스스로에게 자신감을 불어넣었다.

장사를 준비하면서 최고의 기술을 습득하고 자신감이라는 에너지를 채웠다면 이제 실전을 시작할 때다. 어려운 시기에 용기 내어 장사를 시작한 초보 사장들에게 건투를 빈다.